BEI GRIN MACHT SICH WISSEN BEZAHLT

- Wir veröffentlichen Ihre Hausarbeit, Bachelor- und Masterarbeit

- Ihr eigenes eBook und Buch - weltweit in allen wichtigen Shops

- Verdienen Sie an jedem Verkauf

Jetzt bei www.GRIN.com hochladen und kostenlos publizieren

Bibliografische Information der Deutschen Nationalbibliothek:

Die Deutsche Bibliothek verzeichnet diese Publikation in der Deutschen National-
bibliografie; detaillierte bibliografische Daten sind im Internet über http://dnb.d-
nb.de/ abrufbar.

Dieses Werk sowie alle darin enthaltenen einzelnen Beiträge und Abbildungen
sind urheberrechtlich geschützt. Jede Verwertung, die nicht ausdrücklich vom
Urheberrechtsschutz zugelassen ist, bedarf der vorherigen Zustimmung des Verla-
ges. Das gilt insbesondere für Vervielfältigungen, Bearbeitungen, Übersetzungen,
Mikroverfilmungen, Auswertungen durch Datenbanken und für die Einspeicherung
und Verarbeitung in elektronische Systeme. Alle Rechte, auch die des auszugsweisen
Nachdrucks, der fotomechanischen Wiedergabe (einschließlich Mikrokopie) sowie
der Auswertung durch Datenbanken oder ähnliche Einrichtungen, vorbehalten.

Impressum:

Copyright © 2008 GRIN Verlag, Open Publishing GmbH
Druck und Bindung: Books on Demand GmbH, Norderstedt Germany
ISBN: 9783640645428

Dieses Buch bei GRIN:

http://www.grin.com/de/e-book/152446/drunter-und-drueber

Benjamin Schröter

„Drunter und drüber"

Die Konzeption einer Le Parcours-AG zur Förderung der Bewegungserfahrung und des Selbstbewusstseins der 7. und 8. Klassen

GRIN Verlag

GRIN - Your knowledge has value

Der GRIN Verlag publiziert seit 1998 wissenschaftliche Arbeiten von Studenten, Hochschullehrern und anderen Akademikern als eBook und gedrucktes Buch. Die Verlagswebsite www.grin.com ist die ideale Plattform zur Veröffentlichung von Hausarbeiten, Abschlussarbeiten, wissenschaftlichen Aufsätzen, Dissertationen und Fachbüchern.

„Drunter und drüber"

—

Die Konzeption einer Le Parcours-AG zur Förderung der Bewegungserfahrung und des Selbstbewusstseins der 7. und 8. Klassen

Schriftliche Hausarbeit im Rahmen der

Zweiten Staatsprüfung für das Lehramt für die Sekundarstufe I

dem Staatlichen Prüfungsamt für die Zweite Staatsprüfungen

für Lehrämter an Schulen vorgelegt von:

Benjamin Schröter

Seminar Oberhausen

2008

INHALTSVERZEICHNIS:

1 Einleitung

Mit Hinweis auf die Verwendung einer geschlechtsgerechten Sprache in dieser Hausarbeit wird festgehalten, dass der Wortlaut ‚Schülerinnen und Schüler' im Folgenden mit ‚SuS' dargestellt wird. Gleiches gilt für den Wortlaut, Schülerinnen oder Schüler' (‚SoS').

In dieser Arbeit wird das „LeParcours-Konzept" in seiner Durchführung erläutert und hinsichtlich seiner Auswirkungen auf die Steigerung der Bewegungserfahrungen im Kindes- und Jugendalter, sowie in bezug auf die Steigerung des Selbstwertgefühls und das damit verbundene Selbstvertrauen untersucht. Ebenfalls wird es gerechtfertigt und in erforderlicher Kürze mit dem Lehrplan in Einklang gebracht. Durch das Konzept werden noch viele weitere Nebeneffekte erzielt, auf die aber hier nicht ausführlicher eingegangen werden kann.

Vorerst werden die Grundgedanken und die Intention der Durchführung mit einigen Definitionen von Begriffen, welche für das Verständnis von Bedeutung sind, dargestellt. Es folgt die Definition der für die breite Öffentlichkeit unbekannten Sportart „Le parcours", bevor der eigentliche Hauptteil der Arbeit mit der Erläuterung zur Durchführung des Konzeptes folgt. Anschließend wird auf die Lehrerrolle und ihre Lehrerfunktionen eingegangen. Zuletzt erfolgt eine abschließende Wertung als Fazit und es werden zudem Hinweise zur Evaluation des Konzeptes aufgeführt werden.

Weil die Sportart „Le parcours" gewissermaßen noch sehr jung ist, gibt es zu diesem Thema wenig, ja beinahe gar keine Fachliteratur. Auch unter verwandten Begriffen wie „Freerunning" ist nichts Handfestes zu finden, weshalb diese Arbeit auf Internetquellen, Fernsehreportagen, Zeitungsartikel und eigene Erfahrungsberichte gestützt ist, was diese aber nicht in ihrer Wissenschaftlichkeit einschränken soll. Nichtsdestoweniger oder vielmehr gerade wegen ihrer Neuheit und Modernität, verbunden mit einer stetig steigenden Beliebtheit insbesondere bei jungen Menschen, bietet sich eine wissenschaftliche Untersuchung zum Thema „Le parcours" an.

2 Grundgedanke des Konzeptes

Ein Aspekt, der dafür spricht, diese Sportart als Konzept zu wählen, ist das gehobene Interesse der SuS an „Le parcour". Es gilt unter den Kindern und Jugendlichen (fälschlicherweise) als Trendsportart und ist im Gegensatz zu „normalem" Turnen hochinteressant. Le parcours ist eine Erweiterung des Turnens. So wird offen ausgesprochen: „Es ist heute schwierig, Kinder und Jugendliche an die traditionellen Sportarten heranzuführen […]. Da kommt ein Trendsport, der viele Elemente des Turnens in sich trägt, gerade recht."[1] So modern und ‚cool' wie es die ProfiAkteure sind, möchten viele SuS auch sein. „Der neue James-Bond-Film und Madonnas Musikclips schmücken sich mit ihrem Können."[2] Diese positive Verstärkung der Sportart hilft dabei die SuS zum Sporttreiben zu motivieren. „Die Motivation ergibt sich dabei aus dem unmittelbaren Anwendungsbezug. Im Gegensatz zum traditionellen Geräteturnen bleiben die erlernten Fertigkeiten nicht in der Turnhalle zurück, sondern können bei Bedarf angewendet werden."[3]

Des Weiteren „erlaubt es die außergewöhnliche Gestaltungsoffenheit des Sports, die Schüler zu Arrangeuren ihres eigenen Sports werden zu lassen und ihre Fähigkeiten der Selbstorganisation und Selbstaneignung zu fördern – eine Kompetenz, die im sich zunehmend informell betriebenen und sich immer schneller verändernden Sport an Bedeutung gewinnt."[4]

Ein weiterer Aspekt, der mich dazu bewogen hat dieses Konzept zu wählen, ist die zu geringe aktive Bewegungszeit der Kinder und Jugendlichen. Eine Folgeerscheinung dieses Mangels ist die steigende Fettleibigkeit, bis hin zur Adipositas. Die sowohl körperlichen als auch psychischen Folgen der Fettleibigkeit (Adipositas) im Kindesalter, welche hier aus Platzgründen nicht weiter erläutert werden, wirken auch im sozialen Rahmen. Dieser soll durch das Motivieren zum eigenständigen Sporttreiben positiv beeinflusst werden. Die Adipositas bedeutet eine Einschränkung der Lebensqualität. Ist Übergewicht einmal entstanden, stellt das viele Betroffene vor zusätzliche Probleme. Neben den körperlichen Beeinträchtigungen leiden sie dann, aufgrund ihres Aussehens und der damit in Zusammenhang stehenden verringerten Akzeptanz in der Bevölkerung, auch unter seelischen Problemen. Das wirkt sich in der Folge negativ auf die Psyche aus und verringert deutlich die allgemeine Lebensqualität.[5]

---

[1] Internet: http://3running.de/witten_aktuell.pdf, S.2, Z.63ff , rezipiert am 13.10.2008
[2] Kraft, Alexandra; Mirbach, Eric: Parkour – Die Stadtakrobaten. In: Zeitschrift ‚Stern' 9/2007, S.169-178 oder als Download unter http://3running.de/stern.pdf, rezipiert am 13.10.2008, S.169, Z.5f
[3] Laßleben, Alexander: TicTac und Wallspin? Anregungen für den Trendsport Parkour. In: Sportpädagogik – Zeitschrift für Sport, Spiel und Bewegungserziehung, Heft 5/2007 „Gemeinsam Turnen", Friedrich Verlag, 2007. S.42, Z.62ff
[4] ebd., S.42, Z.35ff
[5] vgl. Schoberberger, Rudolf: Psyche und Lebensqualität. In: Erbersdobler, Heseker, Wolfram (Hrsg.): Adipositas – Eine Herausforderung für's Leben?. Stuttgart: Wissenschaftliche Verlagsgesellschaft mbH, 2005. S.99, Z.12ff

Um aber wieder auf die Kinder und Jugendlichen zurück zu kommen sei erwähnt, dass auch in diesem jungen Alter eine soziale Diskriminierung stattfindet. Es konnte ein negativer Zusammenhang zwischen der Höhe des BMI und der Anzahl der angegebenen Freunde aufgezeigt werden.[6] Auch aus diesem Grund ist das Konzept legitimiert, um der steigenden Bewegungsarmut von Kindern und Jugendlichen und den daraus resultierenden Folgen entgegenzuwirken. Der Grundgedanke des Konzeptes ist also auch der, dass sich die SuS zu wenig aktiv bewegen, zu wenig Bewegungserfahrungen sammeln und die angebotenen Sportstunden allein nicht ausreichen, um das Problem der immer dicker werdenden Kinder und Jugendlichen zu bekämpfen.

Ziel dieses Konzeptes ist es daher, die SuS zu eigenständigem Sporttreiben in der Freizeit zu motivieren. Die Sportart „Le parcours" bietet hierzu hervorragende Voraussetzungen, da sie für alle SuS neu ist und für jeden, egal wie fit oder unfit er oder sie ist, Grenzen aufweist und Erfolge darbieten kann. Außerdem ist die Sportart in der freien Natur und in jeglichem Umfeld zu betreiben, was die Vereinsgebundenheit und somit eine soziale Komponente aufgrund von Mitgliedsbeiträgen etc. aus dem Spiel lässt. Die aktive Bewegungszeit pro Tag und somit die Gesundheit jedes Menschen kann also, allein davon abhängig, ob er oder sie mitmacht, gebessert werden.

Im schulischen Zusammenhang wird Gesundheit „umfassend in der Weiterentwicklung der Gesundheitsdefinition der WHO von 1948 als physische, psychische, soziale, ökologische und spirituelle Balance des Wohlbefindens verstanden."[7] Somit sind auch die in den Lehrplänen für das Fach Sport verankerten weiteren sozialen Lernziele als Nebeneffekt mit in diesem Konzept enthalten.

2.1 Definition psychischer Einflussfaktoren

Um deutlich zu machen, welche Auswirkungen ein Unzufriedensein mit dem eigenen Körper hat (durch Übergewicht oder beginnendes Übergewicht, wie es bei Kindern und Jugendlichen weit verbreitet ist), werden im Folgenden die psychologischen Begriffe kurz erläutert, welche die psychologischen Phänomene erläutern, die durch das Parcours-Konzept besonders beeinflusst werden.

---

[6] vgl. ebd. S.43, Z.22f
[7] Hundeloh, Heinz; Paulus, Peter; Bockhorst, Rüdiger: Arbeitskreis „Schulsport – Gesundheit – Schulqualität: Ein Widerspruch?" In: Gogoll, Andre & Menze-Sonneck, Andrea (Hrsg.): Qualität im Schulsport. Hamburg: Czwalina Verlag, 2005. S.157, Z.2ff

2.1.1 Selbstkonzept und Selbstwertgefühl

Unter dem Selbstkonzept werden alle Eigenschaften und Merkmale eines Individuums verstanden, die diesem bewusst zugänglich sind und von ihm selbst sprachlich ausgedrückt werden können. Ein besonderer Aspekt des Selbstkonzeptes ist die affektive Bewertung des Selbst, das Selbstwertgefühl.[8] Durch das Parcours-Konzept wird allen Kindern und Jugendlichen die Chance zur Entwicklung eines positiven Selbstwertgefühls und Selbstkonzeptes gegeben.

Schmidt und Steins (2000) stellten deutliche Unterschiede im Selbstwert von Kindern und Jugendlichen mit Übergewicht und Adipositas fest, verglichen mit solchen, die an einer anderen chronischen Krankheit (z.b. rezidivierende Infekte, Enuresis, Allergien) leiden, die die Sichtbarkeit der Erkrankung als mögliche Ursache für diesen Effekt besonders betonen. „Die Kinder mit Adipositas wiesen im Vergleich mit Kindern, die an weniger sichtbaren Erkrankungen litten, einen niedrigeren Selbstwert auf, speziell in so genannten öffentlichen Lebensbereichen wie Schule und Freizeit."[9]

Die Tatsache, dass das Übergewicht oder die Adipositas bei Kindern und Jugendlichen genau während der generell schon schwierigen Phase der Identitätssuche und des Neuorientierens anzufinden ist, erschwert deren Gesamtsituation zusätzlich. Kinder und Jugendliche sehen sich mit vielen Problemen konfrontiert, die sie selbst bewältigen müssen, wie zum Beispiel dem Anstreben von Selbstständigkeit, dem Aufbau eines Freundeskreises, dem Akzeptieren des eigenen veränderten Körpers, der Aufnahme intimer Beziehungen und dem Entwerfen eines klaren und positiven Bildes von sich selbst.[10] Es sind dies alles Aufgaben, die ohnehin äußerst anspruchsvoll sind, die aber durch ein übergewichtiges äußeres Erscheinungsbild noch schwieriger werden. Eine Adipositas in dieser Phase des Lebens ist also eine zusätzliche große Belastung, die wiederum eng verknüpft ist, mit weiteren negativen Folgen.

2.1.2 Selbstwahrnehmung und Selbstkonzept

Die Selbstwahrnehmung ist ein Überbegriff für verschiedene Aspekte, wie zum Beispiel das Selbstkonzept oder das Körperbild. „Das Selbstwertgefühl stellt die oberste Stufe in

---

[8] vgl. Petermann, Franz; Winkel, Sandra: Die Sichtweise der Patienten: Selbstkonzept und Körperbild bei Menschen mit Adipositas. In: Petermann, Franz; Pudel, Volker (Hrsg.): Übergewicht und Adipositas. Göttingen: Hogrefe Verlag, 2003. S.128, Z.11ff

[9] ebd. S.133, Z.38ff

[10] vgl. Kottmann, Lutz: Aufgaben und Probleme in der Entwicklung von Jugendlichen. In: Band 143 der „Beiträge zur Lehre und Forschung im Sport", Wuppertaler Arbeitsgruppe: Schulsport in den Klassen 5-10. Schorndorf: Hofmann Verlag, 2004. S.21, Z.14ff

einem hierarchisch und mehrdimensional gegliederten Selbstkonzeptmodell dar. Das Selbstkonzept geht aus unterschiedlichen Erfahrungen in verschiedenen Lebenssituationen hervor und stellt eine kognitive Konstruktion der eigenen Person dar."[11] Bei Kindern und Jugendlichen verändert sich der Körper ständig, so dass der Umgang und die Bewältigung dieser körperlichen Entwicklung eine der wichtigsten Entwicklungsaufgaben für Kinder und Jugendliche darstellen. „Da der Körper als einziger konkret erfahrbarer Teil des Selbst eine zentrale Stütze der eigenen Identität ist, spielt er für die Entwicklung eines stabilen und positiven Selbstkonzepts eine bedeutende Rolle. Dies belegen auch Späth und Schlicht, die einen engen Zusammenhang zwischen Zufriedenheit mit der Figur und dem Aussehen und allgemeiner Zufriedenheit mit der eigenen Person konstatieren."[12]

2.1.3 Körperbildstörung

Die Körperbildstörung wurde schon in den 60er Jahren so beschrieben, „dass dieses überwältigende emotionale Beschäftigtsein mit dem körperlichen Erscheinungsbild einhergeht mit dessen Bewertung vermittelt über Herabsetzung und Nichtakzeptanz. Die Körperbildstörung sei aber nicht universell unter den Adipösen vertreten, sondern steht im Zusammenhang mit einem Beginn der Adipositas in der Kindheit oder Jugend, mit emotionalen Störungen und negativer Rückmeldung von sozialen Bezugspersonen, die als wichtig eingeschätzt werden."[13] „Aus therapeutischer Hinsicht relevanter ist daher die emotionale Ebene, die mit dem Begriff des Körperbildes beschrieben wird. Das Körperbild umfasst die affektiven Einstellungen zum Körper, die das emotionale Wohlbefinden beeinflussen und die durch therapeutische Maßnahmen verändert werden können."[14] Das Körperbild kann also durch das Konzept positiv beeinflusst werden, indem es eine Möglichkeit bietet einer beginnenden Übergewichtigkeit entgegenzutreten.

---

[11] Balster, Klaus; Brettschneider, Wolf-Dietrich: Jugendarbeit im Sportverein. Duisburg: Sportjugend NRW Verlag, 2002. S.27, Z.29ff
[12] Kottmann, Lutz: Aufgaben und Probleme in der Entwicklung von Jugendlichen. In: Band 143 der „Beiträge zur Lehre und Forschung im Sport", Wuppertaler Arbeitsgruppe: Schulsport in den Klassen 5-10. Schorndorf: Hofmann Verlag, 2004. S.23, Z.26ff
[13] Benölken, Marita: Adipositas und Depressivität im frühen Jugendalter. Frankfurt am Main: Peter Lang Verlag: 2003. S.54, Z.11ff
[14] Petermann, Franz; Winkel, Sandra: Die Sichtweise der Patienten: Selbstkonzept und Körperbild bei Menschen mit Adipositas. In: Petermann, Franz; Pudel, Volker (Hrsg.): Übergewicht und Adipositas. Göttingen: Hogrefe Verlag, 2003. S.130, Z.13ff

Solchermaßen ist die Intention des Konzeptes, nämlich die Bekämpfung der Bewegungsarmut, die Verbesserung von Bewegungserfahrungen und die Stärkung des Selbstwertgefühls mit seinen unzähligen Nebeneffekten und Folgen, leicht nachvollziehbar und plausibel.

2.2 Lehrplanbezug des Konzeptes

Auch der Lehrplan unterstreicht die bei der Wahl des Konzeptes bedachten und soeben erläuterten Gründe zur Einführung und etablierten Durchführung des „Le parcours"-Konzeptes. So heißt es zum Beispiel bei den Hinweisen zu den Jahrgängen 7 und 8: „Allgemein muss im Schulsport dieser Jahrgänge eine Stabilisierung und Vertiefung der Erfahrungen, Fähigkeiten und Kenntnisse im Vordergrund stehen. Neue Bewegungs- und Körpererfahrungen erweitern das Repertoire. Der Schulsport kann hier helfen, zu einer Verbesserung der Bewegungskoordination beizutragen und einer Verunsicherung im Körperkonzept entgegenzuwirken."[15] Im Nachhinein fällt auf, dass jede pädagogische Perspektive A-F auf das Parcours-Konzept anwendbar ist.[16] Eine Auflistung der pädagogischen Perspektiven und der Inhaltsbereiche ist im Anhang 9.9 angefügt. Ebenfalls sind die Ziele und Aufgaben des Schulsports in der Hauptschule vergleichbar mit den genannten Zielen des Konzeptes, nämlich die Persönlichkeitsstärkung, die Förderung des sozialen Miteinanders, das Anleiten zur Selbstständigkeit, das Individualisieren, sowie das ‚Bewegungserfahrungen bewusst machen und zum Nachdenken anregen'.[17] Ebenso werden mit Hilfe des Konzeptes mehrere Inhaltsbereiche gleichzeitig bearbeitet, so zum Beispiel der Bereich ‚den Körper wahrnehmen und Bewegungserfahrungen ausprägen', wie auch das ‚Bewegen an Geräten', das Laufen und Springen des dritten Inhaltsbereiches und die Bewegungskünste aus dem sechsten Inhaltsbereich. Neue Spielräume nutzen und übergreifende Unterrichtsprojekte sind ebenfalls mit diesem Konzept zu erfüllen, wodurch eine Vielzahl von Unterrichtsstunden durch den Lehrplan Sport der Hauptschulen in NRW zu rechtfertigen ist.[18] Genauere Ausführungen der Inhaltsbereiche sind ab Seite 74 aufgeführt. Diese unterstreichen wiederrum alle

---

[15] Ministerium für Schule, Wissenschaft und Forschung des Landes Nordrhein-Westfalen: Richtlinien und Lehrpläne für die Sekundarstufe I – Hauptschule, Sport, Heft 3110. Frechen: Ritterbach Verlag, 2001. S.66, Z.42ff
[16] vgl. ebd. S. 38ff
[17] vgl. ebd. S.63-70
[18] vgl. ebd. S.74ff

Aspekte des Konzeptes von ‚Erfahrungen konditioneller Belastungen' bis hin zu ‚koordinativer Sicherheit'. Einer ausführlicheren Darstellung fehlt hier leider der Platz.

2.3 Ausgangssituation, Voraussetzungen und Bedingungen

Welche Ausgangssituation, Voraussetzungen und Bedingungen für die Durchführung des später erläuterten Konzeptes notwendig sind, wird im Folgenden kurz dargestellt. Grundvoraussetzung sollte eine normal ausgestattete Sporthalle sein, mit einer Grundausstattung an Turngeräten, wie sie jeder Schule zur Verfügung stehen sollte. Voraussetzungen an die Lerngruppe gibt es nicht, da das Konzept an alle SuS gerichtet ist und nur durch die Kreativität der Teilnehmer und/oder der Lehrkraft eingeschränkt werden kann. Wichtig ist, dass alle SuS festes Schuhwerk zur Verfügung haben, um Verletzungen vorzubeugen. Die Schuhe sollten extra stark gedämpft sein, zudem eine griffige Sohle haben[19] und generell einen guten Seitenhalt geben. Sonstige Gegebenheiten der Umwelt und des direkten urbanen Umfeldes der Schule können wiederrum je nach Kreativität genutzt werden, sind aber keine Voraussetzung zur Durchführung des Konzeptes! Die Sportart kann mit wenig Mitteln von jedermann durchgeführt werden, weshalb sie auch als Konzept gewählt wurde und vorgestellt wird.

3 Definition der Sportart „Le parcours"

Um seinen SuS die Sportart Nahe bringen zu können, sollte man folgende Grundkenntnisse der Herkunft der Sportart kennen: Le parcours „ist eine von David Belle begründete Trendsportart – nach dem Selbstverständnis vieler Anhänger eine Kunst – bei welcher der Teilnehmer – der Traceur (französisch: „der den Weg ebnet" oder „der eine Spur legt") – unter Überwindung sämtlicher Hindernisse einen möglichst kurzen Weg von A zum selbstgewählten Ziel B nimmt. Die Idealvorstellung des Traceurs ist es, durch nichts – außer der eigenen Kreativität – in der Bewegung eingeschränkt zu sein."[20] Eine andere Definition beschreibt die Sportart ähnlich: „Parkour ist die schnelle und effiziente Fortbewegung ohne Hilfsmittel. Parkour ist die Freiheit und Motivation Bewegung in der Perfektion auszuleben. Dabei bewegt man sich mit Eleganz, effizient durch den urbanen und natürlichen Raum. Die Wege, die man nutzt, entspringen den

---

[19] vgl. Internet: http://3running.de/waz_bochum.pdf , reziepiert am 13.10.2008, S.3, Z.66ff
[20] Internet: http://de.wikipedia.org/wiki/Parkour; reziepiert am 09.11.2008

eigenen Ideen, vorhandenen Möglichkeiten und dem eigenen Können. Parkour setzt Kreativität voraus und sucht sein Ziel in der Perfektion und wird auch als Kunst gesehen."[21] Andere Quellen definieren ähnlich, teils mit wichtigen Zusatzinformationen wie zum Beispiel, dass das Hauptaugenmerk auf einer möglichst flüssigen und schnellen Bewegungen ohne Umwege oder unnötigem Verschwenden der körperlichen Ressourcen liegt.[22] „Die Umgebung nutzen um sich selbst weiterzuentwickeln ist ein Slogan, der häufig in der Szene benutzt wird und zu Grunde legt, dass das Überwinden von Hindernissen in der Sportart auch dabei hilft Barrieren des täglichen Lebens leichter bewältigen zu können."[23]

„Parkour ist nicht neu und wurde nicht direkt von David Belle erfunden. George Hebert entwickelte schon lange vor ihm die methode naturelle, die die Grundlage des heutigen Militärsports ist. Er entwickelte auch in Zusammenarbeit mit einem Schweizer Architekten den heute bekannten Hindernisparcours. Der militärische Hindernislauf kann somit als direkter Vorläufer des Parkour angesehen werden. David Belle´s Vater war Soldat, der die Ausbildung an seinen Sohn weitergab. David übertrug die von seinem Vater gelernten Techniken auf das Umfeld von Lisses, in dem er aufwuchs. Zusammen mit Jugendfreunden praktizierten sie, was heute als Parkour bezeichnet wird. Dabei adaptierten sie die Techniken und entwickelten sie weiter."[24]

In Deutschland gibt es bereits mehrere Gruppen, die „Le parcours" oder „Freerunning" betreiben. Sie sagen in Zeitungsartikeln und Interviews: „Es geht darum, den Geist und den Körper zu stärken."[25] Weiter wird betont, dass es bei diesem Sport darum geht, ein Hindernis aus eigener Kraft zu überwinden, und das möglichst kreativ.[26] Beim Freerunning, was abgeleitet wurde von der französischen Sportart Parkour, steht das Hindernis eher im Hintergrund. Flüssige und saubere Bewegungen, die mit akrobatischen Einlagen gekrönt werden sind wichtiger.[27]

Die Sportart bzw. diese Lebenseinstellung lässt sich nicht an äußerlichen Merkmalen erkennen, was die Zielgruppe wiederrum erweitert. „Noch trägt jeder die Klamotten, die er mag."[28]

---

[21] Internet: http://www.parkour-germany.de/index.php?site=spirit&number=1; rezipiert am 10.11.2008
[22] vgl. Internet: http://www.aff-stp.at/readarticle.php?article_id=13; rezipiert am 10.11.2008
[23] ebd.
[24] ebd.
[25] Internet: http://3running.de/ruhr_nachrichten07.pdf Artikel 3, Zeile 84f
rezipiert am 13.10.2008
[26] vgl. ebd., Artikel 3, Zeile 13ff
[27] vgl. ebd., Artikel 3, Zeile 14ff
[28] Kraft, Alexandra; Mirbach, Eric: Parkour – Die Stadtakrobaten. In: Zeitschrift ‚Stern' 9/2007, S.169-178 oder als Download unter http://3running.de/stern.pdf, rezipiert am 13.10.2008, S. 174, Z.49f

3.1 Grundbewegungen von ‚Le parcours'

Einige Bewegungen sind Grundbewegungen, die immer wieder bei diversen Sprüngen und/oder Bewegungsaufgaben vorkommen. Diese sind im Anhang zum Verständnis erläutert und im Hauptteil dieses Konzeptes, also auch zur Durchführung dieses Konzeptes als Grundwissen erforderlich und von großer Bedeutung. Alle hier aufgeführten Bewegungen sind als Animationen, also mit Kurzvideos unter http://www.parkour-germany.de/ einzusehen.

Die Rolle (Roullade) ist eine der wichtigsten Bewegungen. Weitere für dieses Konzept wichtige Sprünge sind die Überwindung, die halbe Drehung, der Präzisions- und der Weitsprung, sowie Mauerüberwindung, Sprung zu Boden und Armsprünge. Je nach Leistungsfähigkeit der Gruppe bzw. des/der Schwächsten in der Gruppe sind die Sprünge und Bewegungen durch die Lehrkraft nach den geltenden Sicherheitsbestimmungen auszuwählen.

4 Durchführung des Konzeptes

Das Konzept wurde an einer Hauptschule über ein gesamtes Halbjahr durchgeführt. Die Erfahrungen und Auswertungen bzw. Tipps zur Verbesserung werden in der Reflexion aufgeführt. Der hier erläuterte Konzeptaufbau ist diesbezüglich aufgrund der Erfahrungen bereits abgeändert!

Bei der Durchführung dieses „LeParcours-Konzeptes" ist eine gründliche Vorbereitung und Sensibilisierung der SuS notwendig. Viele kennen die Sportart eventuell gar nicht oder nur in falschem Zusammenhang. Daher ist eine visuelle und theoretische Erläuterung im Vorfeld notwendig. Gerade SuS der Jahrgangsstufe 7 und 8 neigen dazu, sich selbst schnell zu überschätzen und/oder Gefahren falsch bis gar nicht einschätzen zu können. Daher ist die Sensibilisierung keinesfalls wegzudenken, auch dann nicht, wenn man nur ein bis zwei Doppelstunden zum Thema einführen will!

Außerdem ist es von größter Bedeutung, dass man die Grundregeln des Fallens beherrscht. Dies wird zu Beginn der Praxis eingeführt und ebenfalls theoretisch aufgearbeitet, damit die SuS auch den Sinn des Ganzen verstehen. Die Erwärmung, welche den SuS bereits aus dem Sportunterricht als zwingend notwendig bekannt sein sollte, wird ebenfalls parcours-spezifisch dargeboten und verinnerlicht.

Im eigentlichen Hauptteil des Konzeptes wird dann aus mehreren Gründen vom Leichten zum Schweren bzw. vom Elementenhaft-Synthetischen zum Ganzheitlich-Analytischen vorgegangen. Es wird regelmäßig eine Reflexionsphase durchgeführt, die auf Gefahren und richtiges Verhalten hinweist und den SuS ins Gedächtnis ruft, welche Verantwortung sie nicht nur für sich, sondern auch für ihre Umwelt haben. Generell müssen alle verstehen, dass man erst dann ein höheres Level an Bewegungsaufgaben angehen kann, wenn alle Mitschülerinnen und Mitschüler entweder ebenfalls soweit sind, oder sich des Wagnisses bewusst sind und sich infolgedessen dazu entschließen, von diesem Abstand nehmen. Keine SoS werden, aus den allen SuS bekannten Gründen, ohne eine solche Entscheidung mitgeschleift und an ein schwereres Element gelassen.

Als Abschluss soll eine Selbstbewusstseinssteigerung und eine Förderung der Bewegungserfahrungen aller SuS stattgefunden haben. Dies ist möglich, weil man auch auf die Schwächste oder den Schwächsten eingeht und ihr/ihm ein persönliches Erfolgserlebnis verschafft. Die Möglichkeit hierzu ist durch die Sportart „Le parcours" gegeben, weil sie für alle SuS ungewohnte und unbekannte Bewegungsarten und Raumlagen aufzubieten weiß. Also ist für jede noch so gute Schülerin und jeden noch so guten Schüler eine individuelle Grenze oder Steigerung zu erreichen oder zu überwinden. Des Weiteren soll der Spaß an Bewegung und somit die innere Lust am Sporttreiben geweckt werden. SuS sollen nach erfolgreichem Parcours-Kurs eigenständig der Bewegungsarmut entgegenwirken.

Diese Ziele werden ebenso zu Beginn als auch in der abschließenden Bewertungs- und Reflexionsphase des Konzeptes genannt, damit den SuS bewusst ist, welche weiteren Vorteile ein aktiver Lebensstil in gesicherter Umgebung und mit gesunder Einschätzung der Risiken möglich ist.

4.1 Einführungsphase des Konzeptes

Die Einführungsphase gestaltet sich aus den drei Phasen des Kennenlernens, des richtigen Erwärmens und des richtigen Fallens. Wenn diese von allen SuS verstanden und beherrscht werden, kann mit der Hauptphase des Konzeptes begonnen werden.

4.1.1 Die Sensibilisierung und Visualisierung

Um einen Einblick in die Sportart zu geben, bietet es sich an vorerst Kurzfilme zu zeigen und im Internet recherchieren zu lassen, was es denn mit „Le parcours" auf sich hat. „Bei der Auswahl der Videos sollte darauf verzichtet werden, ausschließlich spektakuläre und waghalsige Bewegungen zu präsentieren. In der gewählten Sequenz sollten möglichst verschiedene Bewegungen gezeigt werden und auch scheinbar einfache Techniken wie Präzisionssprünge auf Bodenniveau oder das einfache Überwinden von Hindernissen."[29] Hierzu findet man im Internet neben den mit Musik unterlegten Videos auch sogenannte „Tutorial Videos", welche für Anfänger ausgelegt sind und einzelne einfache Sprünge zeigen. Die SuS sollen selbst erkennen, welche Grundsätze bei der Sportart „Le Parcours" zugrunde liegen. Das folgende Zitat bringt die wesentlichen Gesichtspunkte zum Vorschein: „Parkour verlangt ein hohes Maß an Körperbeherrschung, Selbsteinschätzung und Disziplin sowie Konzentration und geistige Stärke. Es geht darum seinen Körper zu trainieren, zu fordern aber nicht zu überfordern. Wenn ein Traceur (Läufer) sich nicht sicher ist ob er etwas schafft, dann wird er es nicht tun oder sich langsam herantasten. Das ist ein wichtiger Punkt. Es werden keine waghalsigen Aktionen unternommen. Alles was passiert, passiert unter völliger Kontrolle der Situation und Herantasten der eigenen Grenzen. Dabei ist es sehr wichtig seinen eigenen Körper zu kennen."[30] Den SuS muss auch nach der Sensibilisierung für diese Sportart klar sein, dass es wichtig ist, „seine eigenen Fähigkeiten zu kennen und selbst zu beurteilen, wie diese einzusetzen sind, um potenzielle Gefahren zu vermeiden."[31]

Unter diesen Gesichtspunkten wird die Sportart vorgestellt und das Selbsteinschätzen geübt, sowie das Einschätzen von Gefahren und Leistungen. Es muss ein Verständnis dafür entwickelt werden, so dass alle SuS Sinn und Zweck der Übung verstehen und niemand waghalsige Unternehmungen in seiner Freizeit anstellt.

Die Lehrkraft darf allerdings nicht den Fehler machen und große Teile der Erläuterungen in Form eines frontalen Monologes zu unternehmen, nur um alles einmal erwähnt zu haben. Kommen die SuS selbst hinter die Philosophie der Sportart, so merken sie sich besser das Wesentliche und handeln später auch bewusster nach den „eigenen" Regeln und nicht nach etwas Auferlegtem, gar Verbotenem, was wiederum

---

[29] Laßleben, Alexander: TicTac und Wallspin? Anregungen für den Trendsport Parkour. In: Sportpädagogik – Zeitschrift für Sport, Spiel und Bewegungserziehung, Heft 5/2007 „Gemeinsam Turnen", Friedrich Verlag, 2007, S.41, Z.37ff
[30] Internet: http://www.parkour-germany.de/index.php?site=spirit&number=1; rezipiert am 10.11.2008
[31] ebd.

einen Reiz darstellen könnte. Das Motto sollte lauten: „Ihr Ziel ist nicht das waghalsige, tollkühne Spektakel, sondern der Spaß."[32]

Ein weiterer Punkt, der angesprochen oder besser von den SuS erkannt werden sollte, ist der, dass es bei den Traceuren zu „ihrem Codex gehört, nichts zu beschädigen."[33]

An diesem Punkt verschmilzt die Sensibilisierung dann bereits mit dem Einstieg in die Hauptphase. Denn nach „dem Betrachten der Filmsequenz sollen die Schüler ihren spontanen Eindruck von der Sportart beschreiben. Trotz möglicher Vorbehalte („ist zu gefährlich", „das können wir nicht") soll dann versucht werden, Parkour-Elemente in der Sporthalle auszuprobieren. Dazu werden die Schüler gefragt, welche Tricks sie im gezeigten Video entdeckt und welche Bewegungen sie gern können würden bzw. welche sie bereits meinen zu können. Die Tricks werden zunächst an der Tafel oder auf Plakaten gesammelt. Sodann werden 3 oder 4 Bewegungen für den weiteren Unterricht ausgewählt.[34] Bevor man allerdings mit den Übungen selbst beginnt, sollte eine ausreichende Erwärmung stattfinden (vgl. 4.1.2) und auch eine Einführung in das richtige Fallen (vgl. 4.1.3), um Verletzungen zu vermeiden.

4.1.2 Die Erwärmung

Die Erwärmung ist bei „Le Parcour" - wie überhaupt beim Sporttreiben - sehr wichtig. Ein zentrales Element des Aufwärmens ist das Dehnen. Die SuS müssen sich im Klaren darüber sein, welche Auswirkungen es hat, sich gerade sportartspezifisch zu erwärmen und zu dehnen. Mit der Zeit sollten die SuS selbst die Erwärmung übernehmen, damit die Lehrkraft eine Rückmeldung hat, inwieweit die SuS fähig sind sich selbst warm zu machen, wenn sie in ihrer Freizeit Sport treiben, was schließlich auch als Intention des Konzeptes gilt.

Als Merksatz zur Einführung kann man folgenden Satz erwähnen: „Wir müssen uns einstimmen, müssen uns aufwärmen, damit wir keine Zerrungen und Verletzungen erleiden, sondern optimale Leistungen erbringen können."[35]

Das Erwärmen für die Sportart „Le parcours" ist deshalb sportartspezifisch anzulegen, weil je nach geplantem Stundenverlauf verschiedenste Muskelgruppen und Körperteile

---

[32] Kraft, Alexandra; Mirbach, Eric: Parkour – Die Stadtakrobaten. In: Zeitschrift ‚Stern' 9/2007, S.169-178 oder als Download unter http://3running.de/stern.pdf, rezipiert am 13.10.2008, S. 176, Z.23f

[33] Internet: http://3running.de/Scannen0002.pdf, rezipiert am 13.10.2008, S.2, Z.37f

[34] Laßleben, Alexander: TicTac und Wallspin? Anregungen für den Trendsport Parkour. In: Sportpädagogik – Zeitschrift für Sport, Spiel und Bewegungserziehung, Heft 5/2007 „Gemeinsam Turnen", Friedrich Verlag, 2007, S.41, Z.50ff

[35] Bischops, Klaus / Gerards, Heinz-Willi: Tips fürs Aufwärmen im Sport. Aachen: Meyer & Meyer Verlag, 1994. S.7, Z.19ff

beansprucht werden und dementsprechend prophylaktisch geschützt werden müssen. Es ist also von besonderer Bedeutung, dass diese Phase zu Beginn mit vielen Erläuterungen und Wissen verbunden von der Lehrkraft angeleitet wird. „Nach RÖTHING ist das Aufwärmen eine Tätigkeit zur Herstellung einer optimalen psycho-physischen Verfassung, […] vor sportlichem Training oder Wettkampf. Dem Erwärmen werden in der Regel vier wesentliche Wirkungen zugeschrieben:

- Verbesserung der allg. organ. Leistungsbereitschaft,
- Verbesserung der koordinativen Leistungsbereitschaft,
- Optimierung der psychischen Leistungsbereitschaft,
- Schutz vor Verletzungen."[36]

„Durch das Aufwärmen werden verschiedene physiologische Abläufe in Gang gesetzt, so daß der Organismus auf die bevorstehende Belastung vorbereitet wird."[37] Effekte sind zum Beispiel, dass Stoffwechselprozesse mit jedem Grad erhöhter Körpertemperatur um 13% schneller ablaufen. Die O_2-Menge im Blut, die an die Muskulatur abgegeben wird steigt, wodurch eine Verbesserung in der Präzision und Koordination motorischer Bewegungen erfolgt. Die Wahrnehmung des Sportlers wird ebenfalls erhöht, sowie die Aufmerksamkeit und die Reaktion, was eine Verringerung der Verletzungsgefahr zur Folge hat.[38] Man sollte in der Erwärmungsphase und speziell beim Dehnen folgende Punkte beachten:

- Nicht zu schnell mit einer starken oder schnellen Belastung beginnen,
- Bezug zur folgenden Trainingseinheit sollte erkennbar sein,
- Übungen sollten immer beidseitig ausgeführt werden,
- Die SuS sollten den Sinn der Übungen erfahren (Erläuterungen durch Lehrkraft),
- Kein unkontrolliertes Kopfkreisen, da die Wirbelsäule kein Kugelgelenk ist,
- Keine zu großen Nackenbelastungen, wie Kopfstand oder Kerze etc.,
- Keine großen Belastungen mit zu großen Hebelwirkungen, wie gestreckte Beine,
- Keine schwunghaften Bewegungen,
- Und keine Kniebelastungen bei Beugewinkeln in den Knien von unter 90 Grad.[39]

Es sollte von jeder Lehrkraft im Fach Sport eine sportartspezifische Erwärmung durchzuführen sein, weshalb hier keine detaillierte Beschreibung erfolgt. Außerdem

---

[36] Schiffer, Heike: Physiologische, psychologische und trainingsmethodische Aspekte des Auf- und Abwärmens. Köln: Sport und Buch Strauß, 1995. S.15, Z.17ff
[37] Bischops, Klaus / Gerards, Heinz-Willi: Tips fürs Aufwärmen im Sport. Aachen: Meyer & Meyer Verlag, 1994. S.13, Z.10ff
[38] vgl. ebd., S.13, Z.13ff
[39] vgl. ebd., S.28, Z.19ff

sollte die Erwärmung auch nicht immer nach dem gleichen Schema ablaufen, sondern auf die folgende Stunde abgestimmt und variabel sein. „Obwohl die Persönlichkeit und das Geschick des Lehrers in diesem Bereich die entscheidende Rolle spielen, können eine ganze Reihe von Maßnahmen das gekonnte Einstimmen wirksam unterstützen."[40] Im Anhang ist eine Tabelle aufgeführt, in der die Veränderungen des Aufwärmens und ihre Bedeutungen veranschaulicht sind. Grob kann eine Erwärmung in drei Phasen eingeteilt werden, wie auch im folgenden, knappen und beispielhaften Entwurf einer Erwärmung:

„1.Phase: Globale Erwärmung über Herz-Kreislauf-Anregung. Ziel: Veränderung muskelmechanischer Eigenschaften durch Körpertemperaturerhöhung."[41]

Begonnen wird mit einem fünfminütigem Lauf, gerne auch zu von den SuS ausgesuchter Musik, da die Motivation dadurch erhöht wird. Sind bereits Gerätschaften aufgebaut, können diese in den Lauf eingebunden werden. Abwechslungsreiche Ansagen, wie Seitgalopp, eine Runde rückwärts, Kniehebelauf oder Anfersen lenken die SuS von der Zeit ab und verhindern Langeweile. Während des Laufens können auch bereits Übungen durchgeführt werden, die zur Gelenkigkeit und zur Verletzungsprophilaxe beitragen, wie zum Beispiel Armkreisen etc., was in verschiedenen Ausführungen auch gleichzeitig die Koordination der SuS schult (gegengleiches Armkreisen). Aufwärmspiele sind ebenfalls ab und an angebracht, zumal mit Hinblick auf das Ziel, einzelne SuS zum außerschulischen eigenständigen Sporttreiben zu motivieren.

Anschließend wird ein großer Kreis gebildet, damit die Lehrkraft jeden im Blick hat. Es beginnt die „2. Phase: Gymnastische Vorbereitung mit dehnenden und beweglichkeitsfördernden Elementen. Ziel: Vertiefende Veränderung [...] der Gewebeeigenschaften des Muskels [...]."[42] Die Lehrkraft zeigt verschiedene Dehnungsübungen mit gleichzeitiger Erläuterung und verbessert die SuS bei der Durchführung, Dauer, Sinn und Zweck der Übung. Sie sollte auch Beispiele geben, bei welcher der folgenden Stationen oder Übungen welche Muskulatur benötigt wird. Dieses Wissen sollte per Frage-Antwort-Spiel generiert werden, um die kognitive Bereitschaft der SuS aufrecht zu erhalten.[43]

---

[40] Dürrwächter, Gerhard: Aufwärmen, nicht nur lästige Pflichtübung! Schorndorf: Verlag Karl Hoffmann, 1996. S.12, Z.7ff

[41] Knebel, Karl-Peter: Muskelcoaching: Top in Form mit Stretching. Reinbek bei Hamburg: Rowohlt Taschenbuch Verlag, 2005. S.121, Z.28ff

[42] ebd., S.121, Z.33ff

[43] Anregungen und genau erläuterte Dehnübungen mit Tipps und typischen Fehlern sind in „Muskelcoaching: Top in Form mit Stretching." von Karl-Peter Knebel auf Seite 127-274 dargestellt.

In der folgenden Lockerungsphase, beispielsweise einem Hüpfen mit integrierten Kniebeugen und/ oder Hüftkreisen etc., kann und sollte bereits etwas zum folgenden Ablauf der Stunde erklärt werden, damit die SuS nicht wieder erkalten, wie es im Falle einer anschließenden Erläuterung der Fall wäre.

Die dritte Phase der Erwärmung, die Anforderungs- bzw. sportartspezifische Vorbereitung zur Scharfstellung aller leistungsrelevanten Systeme[44], ist in Bezug auf „Le parcours" auf das jeweilige Stundenziel auszulegen und wird daher hier nicht weiter ausgeführt. Ist das Springen Hauptbestandteil der Stunde, sieht diese Phase entsprechend anders aus, als wenn man ausdauerndes Durchlaufen eines Zirkels geplant hat.

Nie aus dem Auge zu verlieren ist, dass die Lehrkraft besonders am Anfang der Stunde, also in der Erwärmungsphase, aufmuntern und anregen muss.[45] Die Lehrkraft „muss zur Bewegung motivieren und Interesse wecken, aktivieren und Lernbereitschaft schaffen."[46]

Um Übungen auszuwählen, kann man sich an folgenden Kriterien orientieren:

- Praktikabilität (Sind die Übungen in der Realität anwendbar?)
- Ökonomie (Ist der Zeitaufwand zur Wirkung sinnvoll?)
- Funktionalität (Sind die Übungen physiologisch unbedenklich?)
- Effektivität (Wird der gewünschte Erfolg erreicht?)[47]

„Hinsichtlich der inneren und äußeren Rahmenbedingungen sollten [...] bei der Wahl und Dosierung der Aufwärmmittel folgende Überlegungen berücksichtigt werden:

- Wie viel Zeit steht [...] zur Verfügung und wieviel Zeit kann davon für das Aufwärmen eingeplant werden?
- Welche Schwerpunkte soll der nachfolgende Hauptteil enthalten? [...]
- Welche Voraussetzungen bringen die Sportler mit [...]?
- Welche Geräte und Räumlichkeiten sind vorhanden?
- Wie sind die äußerlichen Bedingungen[...]?
- Wie steht es um die momentane Motivation der Sportler [...]?"[48] [49]

---

[44] vgl. ebd., S.121, Z.41ff
[45] vgl. Dürrwächter, Gerhard: Aufwärmen, nicht nur lästige Pflichtübung! Schorndorf: Verlag Karl Hoffmann, 1996. S.11, Z.35f
[46] ebd., S.11, Z.36f
[47] Schiffer, Heike: Physiologische, psychologische und trainingsmethodische Aspekte des Auf- und Abwärmens. Köln: Sport und Buch Strauß, 1995. S.70, Z.23ff
[48] ebd., S.71, Z.1ff
[49] Eine sehr zu empfehlende Sammlung von diversen Beispielen des Erwärmens mit verschiedensten Hilfsmitteln ist in „Dürrwächter, Gerhard: Aufwärmen, nicht nur lästige Pflichtübung! Schorndorf: Verlag Karl Hoffmann, 1996" zu finden.

4.1.3 Das richtige Fallen

Die ersten Stunden des Konzepts werden für das Erlernen des richtigen Fallens, d.h. des Abrollens, und somit zum Verhindern von Verletzungen benötigt. „Freiheitsgrade im menschlichen Bewegungshandeln, vor allem beim Bewegungslernen, werden durch die Angst vor Stürzen eingeschränkt."[50] Dieser Einschränkung gilt es durch die Einführung des Fallen-Könnens entgegenzuwirken. „Das Fallen als Bestandteil von Sportstunden kann durch vielfältige Gestaltungsmöglichkeiten, mit zeitlich und materiell geringem Aufwand, freudbetont und erlebnisreich praktiziert werden. Das kann auch ängstlichen und sportschwachen Schülern Ansporn zur Verbesserung ihrer Bewegungskompetenz sein."[51]

Ist das Fallen als Teil der Gesamttechnik in einer sportlichen Bewegung enthalten (wie bei der Sportart Le parcours), bietet es sich an im Übungs- und Lernprozess mit den „Ukemi", wobei es sich um Judo-Falltechniken handelt, die im Folgenden (vgl. 4.1.3.1) erläutert werden, positive Effekte in der Bewegungsleistung und in der Bewegungsqualität zu erreichen.[52] „Das Fallen-Können, als ein die Bewegung begleitendes ‚Sicherheitsgefühl‘, kann somit den Lernprozeß unterstützen."[53] Auf diese Weise erhöhen sich die Sicherheit, die Ausprägung und die Qualität der Bewegungen.[54] Aus diesem Ansatz kann man methodische Folgerungen für den Schulsport ableiten. „Da es in Judo-Vereinen den Übungsleitern problemlos möglich ist, mit Kindern die Ukemi und das Fallen-Können zu erlernen, sollte das qualifizierten und gegenüber der Thematik ‚Fallen‘ aufgeschlossenen Sportlehrern ebenfalls möglich sein."[55] Eine lehrgangsähnliche Einführung zum Thema „Fallen" bietet sich an. Sinn macht es auch, die Fallübungen, welche in vorwärts, rückwärts und seitwärts aufgeteilt sind, nicht allesamt in einer Doppelstunde zu zeigen, da zu viele Informationen nicht auf einmal von den SuS aufgenommen und behalten werden können. In jeder darauffolgenden Stunde sollte in der Aufwärmphase das Fallen als Bestandteil verankert sein, um den SuS Sicherheit zu geben und um eine Rückmeldung über die Fähigkeiten des Fallens zu erhalten. Bei dem Erlernen der verschiedenen Falltechniken „sollte darauf geachtet

---

[50] Mosebach, Uwe: Fallen-Können und Bewegungslernen. Eine empirische Untersuchung über Effekte der Judofalltechniken (Ukemi) auf das Erlernen sportlicher Bewegungen. Bonn: Verlag Dieter Born, 1997. S.8, Z.9f
[51] ebd., S.160, Z.8ff
[52] vgl. ebd., S.35, Z.11ff
[53] ebd., 1997. S.51, Z.19f
[54] vgl. ebd., S.42, Z.6f
[55] ebd.,S.159, Z.16ff

werden, ‚Schockerlebnisse' beim Fallen in der Anfängerausbildung zu vermeiden und ein richtiges Erlernen der Judotechniken sicherzustellen.“[56]

Als Beispiel ist eine Doppelstunde zum vorwärts Fallen an den Anfang zu setzen, da die Rolle beidseitig nach vorne beim „Le parcours" am häufigsten angewendet wird. Das Fallen rückwärts und seitwärts kann dann in folgenden Doppelstunden erlernt werden.

4.1.3.1 Übungstipps zum Fallen vorwärts

Da die „normale" Judo-Fallübung vorwärts für Anfänger bereits eine gewisse Überwindung bedeutet, ist es sinnvoll auch diese im Zuge eines langsamen Herantastens zu erlernen. Vormachen ist hier angebracht, da gerade eine langsame zeitlupenartige Fallübung die SuS beruhigt und ihnen die Angst vor dem Unbekannten nimmt. Gemeinsames Üben der Fallübungen macht ebenfalls Sinn, da sich dann keiner beobachtet vorkommt. Das schrittweise Herantasten könnte wie folgt aussehen:

Jeder bekommt eine Matte und legt sie längs vor sich. Je nach Links- oder Rechtshändigkeit wird ein Ausfallschritt vor der Matte gemacht und sich auf das vordere Bein gebeugt. Die gleichseitige Hand wird zum Boden geführt, wobei die Fingerspitzen beider Hände nach hinten zeigen müssen. Es wird eine Rolle über den Arm, über die Schulter, diagonal über den Rücken bis auf das hintere, dann weiterhin gestreckte Bein ausgeführt. Vorerst wird nach der Rolle liegengeblieben, später dann über das gestreckte Bein, welches den Schwung abfängt, aufgestanden. Die Übung sollte gleichmäßig beidseitig ausgeführt werden, um flexibel zu sein, im Falle eines Sturzes.

4.1.3.2 Übungstipps zum Fallen rückwärts

Auch hier gilt das langsame Steigern und der Weg vom Leichten zum Schweren. Als einfachste Vorübung setzen sich alle SuS nebeneinander an die Mattenkante und machen sich so klein wie möglich. Nun wird nach hinten gerollt und die daraus entstehende Körperposition gehalten (Rückenschaukel). Als nächster Schritt soll dann versucht werden, wieder in die Ausgangsposition zu gelangen, sprich auf beiden Füßen zu hocken. Nun kommen die Arme hinzu, um den Schwung abzufangen und um mit geschütztem Kopf (Kinn auf die Brust) sicher zum Liegen zu kommen. Im folgenden Schritt wird im Stand begonnen, wodurch bereits mehr Schwung zur Verfügung steht. Hier soll nun versucht werden, über eine ausgewählte Schulter (nicht über die

---

[56] ebd., S.159, Z.18ff

Wirbelsäule und den Kopf) überzurollen. Das Abschlagen mit den gestreckten Armen dient dem Abfangen der Wucht und im weiteren Verlauf auch zum Überrollen. Wem dieser Schwung noch nicht ausreicht, der sollte spätestens im folgenden Schritt Erfolg haben, der ausgeführt wird, indem man sich aus dem Rückwärtsgang kommend, der in der Geschwindigkeit individuell bis zum Joggen gewählt werden kann, abrollt. SuS die bereits hier gelangweilt erscheinen, können mit differenzierten Aufgaben bei Laune gehalten werden, wie zum Beispiel dem in den Stand drücken aus der Rolle heraus.

4.1.3.3 Übungstipps zum Fallen seitwärts

Das Seitwärtsfallen kommt in der Sportart „Le parcours" selten vor, aber dennoch sollte es geschult werden, um die SuS bei eventuellen Stürzen zu schützen.

Hierzu stellt man sich auf die Matte und streckt Arm und Bein einer Seite gerade durch. Nun gilt es langsam mit dem anderen Bein in die Hocke zu gehen und das gestreckte Bein lang und über kreuz zur Seite zu legen. Ab einem bestimmten Punkt kippt der Körper zur Seite und der Arm dient wiederrum zum Abschlagen und Abfangen des Schwungs. Der Körper sollte unter Spannung sein wie ein Flitzebogen, um ein Aufkommen des Kopfes zu verhindern. Gelandet wird demnach auf der jeweiligen Körperseite, nicht auf dem Rücken.

Eine genaue Einführung in die Falltechniken des Judo, die sogenannten „Ukemi-Waza" ist im Anhang in Bild und Text ausführlicher dargestellt.

4.2 Der Beginn der Hauptphase

Die Hauptphase kann begonnen werden, wenn alle SuS das Fallen beherrschen und der Sinn der Sportart verstanden ist. Dies ist durch optische Prüfung und durch einfaches Erfragen zu Beginn einer jeden Stunde herauszuhören. Albern SuS rum und machen Späße, was in der Altersgruppe der siebten und achten Klassen durchaus zu erwarten ist, so sollte man abermals auf die Wichtigkeit und Ernsthaftigkeit und auch auf die Gefahren hinweisen. Ebenso wichtig ist es, dass alle SuS verstehen, dass Rücksicht auf andere SuS genommen werden muss und niemand zu etwas genötigt werden darf, was er nicht aus freien Stücken tun würde. Die Verletzungsgefahr ist ansonsten zu hoch.

Sind diese Voraussetzungen gegeben, kann mit der Hauptphase begonnen werden. Auch hier gilt der didaktische Grundsatz vom Leichten zum Schweren fortzuschreiten, so dass zuerst einzelne Elemente erläutert, gezeigt und einzeln ausprobiert werden. Zwischenreflexionen dienen sowohl der Kontrolle für die Lehrkraft als auch der Sicherheit, weil den SuS solcherart wichtige Dinge wieder in das Gedächtnis gerufen werden. Außerdem festigen sie ihre eigenen Erfahrungen und arbeiten diese kognitiv auf, was zu längerfristigem Behalten führt.

4.2.1 Beginn mit Einzelelementen

„Le parcours" „besteht aus etwa einem Dutzend Grundbewegungen, und weil Französisch die Sprache dieses Sports ist, haben sie Namen wie ‚Saut de Précision' (Präzisionssprung) oder ‚Saut de Chat' (Katzensprung)."[57] Diese Grundbewegungen wurden bereits in Kapitel 3.1 kurz dargestellt. Zum Beginn der Hauptphase werden nun einzelne (vorzugsweise maximal 3 pro Doppelstunde) dieser Elemente von den SuS ausgesucht und in Stationen erprobt. Zu Beginn empfiehlt es sich, dass die Lehrkraft die von den SuS ausgesuchten Sprünge mit entsprechenden Stationen und Übungen vorgibt. Später lässt man der Kreativität der SuS freien Lauf, kontrolliert und koordiniert als Lehrkraft die geplanten Geräte und den Aufbau derselben. Während der Durchführung an der Hauptschule wurden die SuS ebenfalls durch einige vorgegebene Stationen angeregt, bis sie vermittels dieser Anregungen selber Stationen entwickeln konnten und mit eigenen Ideen zu Beginn jeder Stunde die Lehrkraft zu überzeugen versuchten.

Aufgrund der Tatsache, dass SuS der angesprochenen Altersklasse gern im gegenseitigen Vergleich arbeiten, wurde mit kleinen Vorübungen gearbeitet, die sich durch einen „Contest-Charakter" ausweisen. Diese wurden gleichzeitig mit der Theorie verbunden, wodurch den SuS unbewusst Wissen vermittelt wurde. In unserem Beispiel wurde mit Springen aus dem Stand ab einer vorgegebenen Linie begonnen. Anschließend wurde in die Hocke gegangen und erst nach einigen Sekunden gesprungen. Im Lehrer-Schüler-Gespräch wurde erkannt, dass man bei letzterem Sprung etwas weiter kommt und unter Zuhilfenahme der Arme sogar noch ein wenig weiter. Als nächster Schritt wurde dann aus dem Stand kurz in die Hocke (Rechter Winkel im Kniegelenk) gegangen und sofort losgesprungen. Das Ergebnis (nämlich eine erneute Verbesserung der Sprungweite) war allen SuS sofort deutlich und die Lehrkraft erklärte, in einer je dem Alter der SuS korrelierenden Art und Weise, warum dies so ist

---

[57] Kraft, Alexandra; Mirbach, Eric: Parkour – Die Stadtakrobaten. In: Zeitschrift ‚Stern' 9/2007, S.169-178 oder als Download unter http://3running.de/stern.pdf, rezipiert am 13.10.2008, S. 176, Z.53ff

(Theorie der Vorspannung der serienelastischen Elemente der Muskulatur am Beispiel). Durch das gleichzeitige praktische Erfahren wird das Ergebnis besser gefestigt und der Spaß am Vergleich (Wer kommt am weitesten!?) ist gegeben. Als Abschluss wurde dann mit verschieden langem Anlauf und einbeinigem Absprung gesprungen, was wiederrum eine Verbesserung der Sprungweite mit sich brachte. Die SuS kamen selbst darauf, dass man ja eigentlich nach sovielen Sprüngen schon etwas müde sein müsste und es daher verwunderlich ist, dass man nur durch die Technik noch weiter springen kann.

Im Anschluss an die Sprungübungen sollte sofort eine Verknüpfung mit dem Fallen gestaltet werden. Die SuS sehen dann nämlich unmittelbar den Zusammenhang und den Nutzen der Fallübungen, in Bezug zu weiten Sprüngen mit viel Bewegungsenergie. Hierzu werden nur Matten benötigt und es wird dann als Beispiel über eine Matte gesprungen und auf der zweiten Matte abgerollt. Diese Sprung-Abroll-Situationen können und sollten im Verlauf immer mal wieder eingebaut werden, gerne auch in die Erwärmung. Verschiedenste Hilfsmittel sind anwendbar, um nicht immer wieder dasselbe zu machen und die SuS zu langweilen. So wurde zum Beispiel mit wechselnden Hindernissen gearbeitet, anstelle der ersten Matte (ebenfalls in der Schwierigkeit steigernd: Seilchen, Ringe, kleiner Kasten, Bock etc.).

4.2.2 Zwischenreflexionen und ihre Bedeutung

Die Zwischenreflexion ist von besonderer Bedeutung. Das Überdenken und Zusammenfassen einer in diesem Fall sportlichen Situation mit ihren Gefahren, Herausforderungen und eventuellen Folgen ist wichtig, um den SuS deutlich zu machen, das Kontrolle und Bewusstsein oberste Priorität besitzt. Gerade im Sport neigen viele Menschen dazu, sich nach einem Bewegungserfolg leicht zu überschätzen und Gefahren zu unterschätzen. Die Reflexion dient aber nicht nur der Abschreckung, sondern es werden auch Erfolge genannt; einzelne SuS werden gelobt und es wird optimiert und gemeinsam mit den SuS umgeplant, damit alle die Möglichkeit bekommen, die Bewegungsaufgabe zu bewältigen und ihre Grenze zu erweitern.

Die Zwischenreflexion ist auch deshalb von Bedeutung, weil die Transparenz, welche zu Beginn gegeben wurde, wieder ins Gedächtnis gerufen wird. Die SuS werden darauf aufmerksam gemacht, wo die Gruppe im Verlauf des Halbjahres steht und es werden Fragen und somit Unterrichtsstörungen im Vorfeld unterbunden. Selbst- und Fremdbewertungen können auch hier einfließen, was bei der Durchführung an der

Hauptschule aber unterlassen wurde und auch von den SuS nicht gefordert wurde. Es wurde hieraus ersichtlich, dass Notentendenzen für die SuS kaum eine Bedeutung mehr einnahmen. Alle hatten Spaß und wollten eher weitere Erfolge und weitere Bewegungsaufgaben erfahren als ihren in Form von Noten kategorisierten Leistungsstand.

Zwischenreflexionen sollten immer dann durchgeführt werden, wenn etwas Neues begonnen wird, oder wenn die Lehrkraft bemerkt, dass die SuS wichtige Dinge auslassen, vergessen oder unbewusst missachten. Während der Durchführung an der Hauptschule wurde dies vor der ersten Praxisstunde, also nach der Sensibilisierung durch Videos, nach dem Fallen, nach den Einzelübungen und somit vor den Stationen durchgeführt. Außerdem vor dem Beginn der Verbindung von Stationen und vor dem „Rundlauf", sowie nach der Erkundungsphase der Umwelt und des Umfeldes. Man sieht, dass es also fast jede zweite Doppelstunde zu einer Notwendigkeit kommt, Inhalte und Wissen zu wiederholen um dieses in den Köpfen der SuS zu festigen.

4.2.3 Differenzierung

Um einzelnen SuS nicht den Spaß an der Sportart und an der Bewegung zu nehmen, muss man ab einem bestimmten Zeitpunkt die Schwierigkeitsstufen einzelner zu übender Elemente differenzieren. Die Sportart „Le parcours" bietet hier vielfältige Möglichkeiten, da verschiedene Stationen auf verschiedenste Art und Weise bewältigt werden können. Auch bereits in der Phase der Einzelelemente ist eine Aufteilung nach Leistung sehr einfach Möglich und durch einen geschickten Stationswechsel durch die Lehrkraft den SuS nicht offensichtlich, was einer Diskriminierung schwächerer SuS durch gute Sportlerinnen und Sportler vorbeugt.

Als einfachstes Beispiel dient der in die Sporthallenecke rechtwinklig zu einer Wand aufgestellte Kasten (siehe Anhang 9.4.1). Dieser kann erklettert werden mit Hilfe des kleinen Kastens und somit auch von schwächeren SuS überwunden und bewältigt werden. Der nächst höhere Schwierigkeitsgrad wäre, den Kasten mit Hilfe des kleinen Kastens zu überhocken, also mit den Füßen und/oder Beinen den Kasten nicht zu berühren. SuS die dieses schaffen und durchhocken und/oder mit den Beinen seitlich des Körpers den Kasten überspringen können (wahlweise auch ohne Hilfe des kleinen Kastens), können die Wand als weitere Hilfe nehmen. Ziel dieser Station ist es, an der parallel zum Kasten stehenden Wand mit den Füßen zu beginnen und sich mit den Händen auf dem Kasten abzustützen, dann über die Ecke hinwegzulaufen und über den

Kasten zur Landung auf der Matte zu springen. Somit hat man differenziert an einer Station gleich vielfältige Möglichkeiten der Bewältigung und jeder hat sein persönliches Erfolgserlebnis. Ähnlich ist bei allen anderen Stationen vorzugehen, da bei der Sportart „Le parcours" insbesondere die Kreativität zählt und keine Vorgaben. Wer Gegebenheiten (in diesem Fall die Wand) nutzen will, darf das gern tun, es ist aber kein Grund, das Hindernis (hier den Kasten) nicht auch gleichzeitig als Hilfsmittel zu benutzen (erst aufhocken).

Die Differenzierung selbst muss aber stattfinden und die Lehrkraft sollte direkt mit der Einführung einzelner Übungen und Stationen erwähnen, dass jeder kreativ seine eigenen Wege ja nach Leistungseinschätzung gehen soll und niemand jemand anderen für dessen eigenen und möglicherweise einfacheren Weg auslachen oder mobben soll. Je kreativer eine Lösung, egal welchen Anspruchs, desto besser. Es hat sich bei der Durchführung des Konzeptes gezeigt, dass es oft die Leistungsschwächeren sind, die die ausgefalleneren Lösungen darbieten, welche dann auch gern von den Leistungsstärkeren ausprobiert werden. Im folgenden Kapitel der Einführung von Stationen werden weitere Beispiele für Stationen gegeben, die wie erwähnt aber in Kreativität und je nach Möglichkeiten und Gegebenheiten der Schule bzw. Sporthalle abgeändert werden können und sollten. Differenzierungsmöglichkeiten werden teils erwähnt, um kleine Beispiele zu nennen, sie erheben aber keinerlei Anspruch auf Vollständigkeit.

4.2.3.1 Einführung von Stationen

Nachdem alle SuS die Sicherheit im Fallen besitzen und die Sprungübungen absolviert haben, ist es sinnvoll zuerst einzelne Stationen vorzugeben, die auch für alle Mitglieder der Gruppe zu bewältigen sind. Zu Beginn dieser Phase geht es im Wesentlichen darum, den Auf- und Abbau der Gerätschaften einzüüben, damit im Laufe des Konzeptes die komplexeren Aufbauten schnell und sicher erstellt werden können. Die Lehrkraft muss also hier bereits alle SuS dahingehend erziehen, dass sie gemeinsam und durchdacht die entsprechenden Geräte sicher auf- und abbauen und dass sie sich dabei - auch in ihrem Alter, indem man gerne einmal ausgefallene Sachen anstellt, wenn man sich unbeobachtet fühlt, - ihrer Verantwortung bewusst sind. Als Tipp sei gesagt, dass es gut ist, wenn sich SuS dieser Altersgruppe immer beobachtet vorkommen.

Nun zu den Beispielen für kleine Einzelstationen. An der durchführenden Hauptschule wurde zu Beginn dieser Phase nochmals auf die Videoeinführung eingegangen. Die SuS hatten sich hier drei bis vier Sprünge notiert, die sie zu Beginn üben wollten. Die Stationen wurden unter Berücksichtigung dieser ersten Ziele durch die Lehrkraft vorgegeben um den SuS auch erste kreative Ideen für Stationen zu geben, da viele SuS sich spontan aus den vielen Gerätschaften der Sporthalle keine Stationen ausdenken können, was sich aber sehr schnell nach diesen ersten Anregungen ändert.[58] Die Phase der Einzelstationen kann variieren von einer bis zu drei Doppelstunden, abhängig von der Lerngruppe. Bei der Durchführung wurde nach zwei Doppelstunden von der Lehrkraft erkannt, dass alle SuS bereit für den nächsten Schritt waren, der im folgenden Kapitel beschrieben wird. Gegen Ende der zweiten Doppelstunde kamen bereits eigene Ideen und Veränderungsvorschläge zu den vorgegebenen Stationen, so dass schon hier ebenfalls zu erkennen war, dass sich die SuS auch in ihrer Freizeit mit dem Projekt gedanklich oder evtl. auch praktisch beschäftigten.

4.2.3.2 Wir entwickeln Stationen selbst

Die nächste Stufe, welche in diesem Parcours-Konzept folgt, ist die eigenständige Entwicklung von Stationen. Hierdurch wird das Mitspracherecht der SuS am Unterrichtsgeschehen deutlich, was den Spaß und die Motivation der SuS steigert. Außerdem werden weitere, hier aus Platzmangel nicht näherhin ausführbare, soziale Kompetenzen geschult, die für die Entwicklung der SuS von großer Bedeutung sind.

In Gruppen, die in ihrer Anzahl je nach Klassengröße gewählt werden können, sind die im Anhang 9.7 zu findenden Karten als Vorgaben und aber vor allem als Ideenratgeber zu verteilen. Jede Gruppe zieht eine Aufgabenstellung, verschieden viele Großgeräte und Zusatzgeräte und darf sich auch soviele Hilfsmittel aussuchen, wie sie benötigt. Es wird eine bestimmte Zeit (15 Minuten) vorgegeben, in der geplant werden kann und auch die Geräte geholt und aufgebaut werden sollen. Anschließend macht es Sinn, die Gruppen ihre Stationen fünf bis zehn Minuten ausprobieren zu lassen, damit sie selbst noch Verbesserungen vornehmen können, die ihnen angebracht erscheinen. Als Nächstes stellen die einzelnen Gruppen ihre Stationen den anderen SuS vor und diese achten darauf, ob der Arbeitsauftrag umgesetzt wurde und geben eventuell weitere Verbesserungsvorschläge oder stellen Fragen. Die Hauptphase einer solchen

---

[58] Fotos dieser vorgegebenen Stationen sind in Kapitel 9.4 angehängt.

Doppelstunde ist dann gekennzeichnet durch das Durchlaufen aller Stationen. Die Reflexion einer solchen Stunde ist durch die SuS selbst zu führen, indem sie alle Stationen bewerten und sich über Schwierigkeiten, positive Aspekte der Stationen und weitere Verbesserungen unterhalten. Die Lehrkraft braucht hier nur das Gespräch zu lenken, falls dies überhaupt nötig ist und sollte darauf achten, dass keine Station schlecht gemacht wird. Während der Durchführung des Konzeptes wurde diese Fähigkeit von den SuS bereits nach der ersten Doppelstunde, sprich in der zweiten Reflexionsphase, einer Stationenentwicklungsstunde gut selbst erfüllt.

Es sei hier als Beispiel eine Station, die von einer 5-köpfigen Schülergruppe entwickelt und vorgestellt wurde, angeführt. Die Gruppe hatte die erste Stationskarte aus dem Anhang 9.7 als Bewegungsaufgabe und setzte diese wie folgt um:

Mit einem Reuterbrett (variable Entfernung) wurde ein Kasten mit veränderbarer Höhe erreichbar, von dem aus dann auf eine Niedersprungmatte gesprungen und abgerollt werden konnte. Wahlweise wurde ein Seil (ein nicht gefährlicher Gegenstand, da er mitgerissen wird, bei Berührung) in Weite und Höhe variabel zur Überwindung im Sprung von zwei Helfern locker gehalten.

Somit waren alle geforderten Punkte nicht nur erfüllt, sondern sogar noch übertroffen worden und die Station war von jeder/jedem SuS zu bewältigen.

4.2.3.3 Verbinden von Stationen

Hinter dem Verbinden von Stationen verbirgt sich nichts anderes, als das Aufbauen der einzelnen selbst entwickelten oder auch vorgegebenen Stationen hintereinander, um eine längere Bewegungsdauer zu erzielen und mehr als nur eine einzelne Bewegungsaufgabe darzubieten. Ähnlich wie bei der Steigerung vom Leichten zum Schweren, wird hier die Steigerung von der Einzelaktion bis zur ausdauernden Bewegung langsam vorgenommen. Wie im kommenden Kapitel beschrieben, folgt ein kompletter Rundlauf, bei dem der Ausdaueraspekt von großer Bedeutung ist und ohne langsames Herantasten kein Erfolgserlebnis zu erwarten wäre.

Bei der Kombination zweier Stationen sollte man auf folgendes achten:

- Zwei verschiedene Bewältigungsmöglichkeiten anbieten
- Verschiedene Muskelgruppen ansprechen
- Nicht zu viel Raum zwischen den Stationen lassen

Im Kapitel 9.5 des Anhangs sind Beispiele für eine sinnvolle Kombination von Stationen dargeboten. Diese sind wiederrum als Anreiz zur eigenkreativen Gestaltung gedacht. Denn unsichere Lehrkräfte benötigen ebenso gedankliche Hilfen, wie die SuS, denen man eine oder zwei Kombinationen zeigen sollte, bevor diese dann damit beginnen, eigene Ideen zu entwickeln und umzusetzen. Man glaubt kaum, wie groß die Ideenvielfalt der dann einmal „blutleckenden" SuS ist. Man wird bei jeder neuen Gruppe neue Aufbauten sehen, die noch niemand zuvor im Sinn hatte.

4.2.3.4 Eine runde Sache – Parcours ohne Ende

Das Zwischenziel ist es, die einzelnen Elemente zu einem Zirkel zusammen zu fügen. Der Charakter der Sportart „Le parcours" kommt nun etwas deutlicher zum Vorschein, da man nicht nur eine kurze Bewegungsaufgabe bewältigt, sondern durchgehend hintereinander ausdauernd laufen kann. Es gibt kein Ende; man kann solang man mag und sich sicher fühlt, durchgehend in Bewegung bleiben. Es kommt dann in dieser Phase zu einer weiteren Erfahrung für alle SuS, nämlich dem Aspekt der Ausdauer. Auch hier kann und wird jede Schülerin und jeder Schüler an seine bzw. ihre individuelle Grenze geführt werden.[59]

Die Anzahl der einzelnen Stationen innerhalb des Zirkels ist abhängig von den Gegebenheiten und Voraussetzungen der Sportstätte und der Vielfalt der Gerätschaften, sowie der Kreativität der Teilnehmer. Einzig auf die Anordnung der Stationen sollte von Seiten der Lehrkraft geachtet werden. Als sinnvoll hat sich herausgestellt, innerhalb eines Zirkels verschiedenste Muskelgruppen zu beanspruchen, so dass für jeden schwerere wie auch erfolgsversprechende und gut zu bewältigende Aufgaben enthalten sind. Ähnliche Stationen, bzw. bewegungsgleiche Aufgaben sollten nicht direkt aufeinanderfolgen. Ansonsten ist ein solcher Zirkel, indem alle Stationen einzeln eingeführt und bewältigt wurden, ein sprichwörtlicher Selbstläufer. Der Auf- und Abbau ist selbstverständlich durch die Lehrkraft anzuweisen, was zu diesem Zeitpunkt des Konzeptes allerdings bereits wie von allein klappen sollte.

---

[59] Im Anhang 9.6 ist ein Beispiel eines Kreislaufes angehängt.

4.2.4 Exkursionen: Was bietet uns das Umfeld / die Umwelt

„Erst als die Übungen saßen, wagten sie sich nach draußen."[60] Dies ist auch oder gerade in der Schule als Leitsatz anzuwenden. Denn eine Exkursion ins Umfeld der Schule kann nur dann durchgeführt werden, wenn alle SuS einen gewissen Level erreicht haben und die Lehrkraft sich auf die Gruppe verlassen kann. Wie kann in diesem Falle eine solche Exkursion aussehen?

Die Exkursionen, welche bei der Durchführung dieses Konzeptes getätigt wurden, wurden ebenso wie das Konzept an sich vom Leichten zum Schweren aufgebaut. So bietet es sich an, vorerst den direkten Raum um die Schule herum, also den Schulhof, den angrenzenden Sportplatz und die Schulgeländebegrenzungen zu erkunden. Im Verlauf kommt es dann jeweils darauf an, welches Umfeld gegeben ist. In Oberhausen hat sich ein Skatepark in 20 minütiger Laufentfernung angeboten. Es bieten sich freilich auch Spielplätze oder Parks an, die eigentlich in der Nähe jeder Schule erreichbar sein sollten.

Die sicherheitstechnischen Aspekte sind bei einer solchen Aktion wie gewohnt von der Lehrkraft einzuhalten. Diese werden hier aus Platzgründen nicht ausführlicher erläutert. Aufgrund der Rutschgefahr sei nur erwähnt, dass das Landen bei geringster Feuchtigkeit sofort eine sehr hohe Verletzungsgefahr bedeutet und das festes Schuhwerk für draußen ebenso Pflicht ist, wie trockene Wetterbedingungen. Des Weiteren gilt hier, wie bei jedem außerschulischen Sportangebot, eine Vorbereitung auf das kommende „Highlight" im Unterricht, wie auch die Organisation durch die Lehrkraft selbst (Abklären mit der Schulleitung etc.). Diese Faktoren werden hier nicht weiter ausgeführt, da diese nicht konzeptspezifisch sind.

Was genau bei den Exkursionen durchgeführt wird, ist ebenfalls von den Bedingungen abhängig. Freie Aufgabenstellungen, welche die bis dahin erlernten Fertigkeiten und Bewegungsabläufe einfordern, sind eine gute Möglichkeit um die SuS zu fordern und zu fördern. Freie Aufgabenstellungen zielen auf die Kreativität der SuS ab, sind allerdings nur mit Lerngruppen durchführbar, von denen man weiß, dass die keine riskanten Dinge ausprobieren und sich keine waghalsigen Aufgaben stellen. Jede Bewegungsaufgabe, die sich die SuS ausdenken, sollte von der Lehrkraft abgesegnet werden. Es hat sich bewährt, als Lehrkraft einzelne Bewegungsaufgaben vorzumachen, wie schon zuvor in der Halle, um die Motivation der SuS hochzuhalten und Verständnisproblemen vorzubeugen, die bei einer nur theoretischer Erläuterungen von unbekannten

---

[60] Internet: http://3running.de/waz_bochum.pdf , rezipiert am 13.10.2008, S.3, Z.45ff

Bewegungen vermehrt auftauchen. Als Beispiele seien nun einige in der freien Umgebung zu wählende Bewegungsaufgaben erwähnt:

- Von Bank zu Bank springen,
- Von jeglichen Spielplatzgerüsten in den Sand springen (Achtung Umknickgefahr),
- Mauern verschiedener Höhe überklettern bzw. überwinden,
- Gegenstände nutzen um Sprungweiten zu verbessern oder Lücken zu überwinden.
- Ungewohnte Lauferfahrungen machen, wie zum Beispiel Skaterrampen hochlaufen und / oder herunterlaufen etc.
- Zäune überspringen usw.

Da das Abrollen außerhalb der Halle meist auf dreckigerem Untergrund abläuft, sei noch der Hinweis gegeben, alte Sachen anzuziehen um niemanden durch die falsche Wahl der Anziehsachen in seiner Bewegungsfreiheit und -vielfalt einzuschränken. Ein weiterer Tipp welcher sich bewährt hat, um die SuS stark zu motivieren ist der, dass man Bilder und Videos macht. Die SuS müssen dazu natürlich die Einverständniserklärung der Erziehungsberechtigten mitbringen. Es ist aber für die SuS von großer Bedeutung am Ende des Halbjahres ein Ergebnis in Form eines zusammengeschnittenen Videos in den Händen halten zu können. Ein Teil des Films zu sein und dies noch mit Bewegungen, die nicht jeder beherrscht, ist ein besonderer Anreiz und verhindert zudem zusätzlich, dass manche SoS die in dieser Altersklasse beliebten „Faxen" zu machen: Es ist ja schließlich alles als Beweis auf Video! Das somit die sooft geforderte Sparte der „neuen Medien" mit in den Sportunterricht integriert wird, spricht wiederrum für die Vielseitigkeit der Sportart „Le parcours" und verstärkt deren Nähe zum Lehrplan.

4.3 Die Gesamtreflexion durch die SuS innerhalb des Konzeptes

Zur Gesamtreflexion des gesamten LeParcours-Konzeptes wurde unterstützt von einer abschließenden Umfrage, welche die SuS nochmals an zeitlich weiter entfernte Erfahrungen erinnerte und durch bestimmte Fragestellungen zur Reflexion anregte. Somit hat man „schwarz auf weiß" eine Auswertung der Ergebnisse, die dann nochmals in einer Gesprächsrunde aufgearbeitet werden müssen.[61] Im Reflexionsgespräch sollte die Lehrkraft das Gespräch so anleiten, dass alle SuS ihre Meinung kund tun können und sich niemand vernachlässigt vorkommt. Alle Probleme die angesprochen werden, müssen auch verarbeitet werden. Nichts darf ungeklärt im Raum stehen bleiben. Die Praxis hat allerdings gezeigt, dass eigentlich fast ausschließlich positive Rückmeldungen und wenig bis gar keine negative Kritik geäußert wurde. Das Ausfüllen der Fragebögen wurde als Hausaufgabe allen SuS mitgegeben. So wurde ein Abgucken und Abschreiben von dem besten Freund ausgeschlossen bzw. zumindest minimiert und es wurde erheblich Zeit gespart. Außerdem kommt erschwerend hinzu, dass wenn man die Bögen im Unterricht ausfüllen lässt, der Zeitdruck zum Überlesen wichtiger Details in den Fragestellungen und zum wahllosen Ankreuzen von Antwortmöglichkeiten führt.

Der Fragebogen wurde verblüffender Weise von allen SuS bearbeitet und im Lehrerzimmer abgegeben, so dass eine Auswertung zur kommenden Doppelstunde durchgeführt werden konnte.

Im vorliegenden Fragebogen ist wichtig zu erkennen, dass einige Fangfragen enthalten sind, die ein wahlloses Ankreuzen deutlich erkennbar machen! Dies ist wichtig zu beachten, um die Umfrage aussagekräftiger zu machen. Ebenfalls wurde hier wissentlich eine Kategorisierung der Aussagen ausgelassen und Aussagen zum Lehrer, zum Verhalten der Mit-SuS, sowie zum eigenen Befinden abwechselnd und wahllos getätigt, um die SuS nicht zu sehr an ein kategorisches Ereignis zu binden, wodurch die Aussagekraft der Evaluation verringert würde. Ebenfalls wurde auf eine Bewertung mit Schulnoten verzichtet und ausschließlich auf eine Bewertung von Aussagen („Wie sehr stimme ich zu") Wert gelegt, weil dies für SuS dieser Altersgruppe sehr viel einfacher und verständlicher ist. Es wurden ebenfalls keine Ja-Nein-Fragen oder gar frei zu beantwortende Fragen gestellt.

Die Auswertung des im Anhang einzusehenden Fragebogens ergab folgende Ergebnisse:

- Jede Schülerin und jeder Schüler hat Grenzen überschritten oder besser gesagt seine Grenzen erweitert und Erfolgserlebnisse erfahren.
- Alle gaben an, mehr geschwitzt zu haben als gewohnt.

---

[61] Der Fragebogen zur Reflexion findet sich im Anhang unter Kapitel 9.8. Je nach durchgeführten Aufgabenstellungen und Übungsschwerpunkten sollte dieser individuell an die Lerngruppe angepasst werden.

- Die Mehrheit fand es gut, in den Gruppen und als Team zusammen zu arbeiten und Entscheidungen zu treffen.
- Viele erwähnten ein tolles Miteinander erfahren zu haben, wo jeder dem anderen hilft und weniger diskriminiert wird.
- Es hat allen SuS (100%) viel Spaß gemacht.

Mehr als die Hälfte der Schüler gab an, die Arbeit in den Gruppen und das Teamwork positiv empfunden zu haben. Positiv beurteilt wurde auch die Möglichkeit bzw. Notwendigkeit, relativ eigenständig und selbstbestimmt zu arbeiten. Von besonders vielen SuS positiv hervorgehoben wurde das Kennenlernen und Erlernen neuer Bewegungen, das mit Erfolgserlebnissen verbunden gewesen ist. Zwei Drittel der Schüler gaben an, mehrmals Wagnissituationen erlebt zu haben.

Durch eine solche Abschlussreflexion und die Rückmeldungen kann man ein kommendes Projekt weitergehend verbessern und sich auf die Zielgruppe und ihre Wünsche besser einstellen. Da sich Ziele und Wünsche einer Altersgruppe bereits von Jahr zu Jahr stark unterscheiden, bietet es sich an, diese Rückmeldung von jeder folgenden Gruppe ausfüllen zu lassen, um mit der Zeit zu gehen und auf dem Laufenden zu sein, sprich die SuS dort abholen zu können, wo sie gerade stehen.

5 Lehrerfunktionen

Innerhalb des LeParcours-Konzeptes werden mehrere Lehrerfunktionen erfüllt, wobei im Folgenden aus Platzgründen nur die Wichtigsten erläutert werden. Von größter Bedeutung sind hier das „Unterrichten", das „Erziehen" und das „Evaluieren, Innovieren und Kooperieren".[62]

Das Erziehen wird innerhalb der Richtlinien als die Förderung zur Entwicklung einer mündigen und sozial verantwortlichen Persönlichkeit dargestellt. SuS sollen durch erziehenden Unterricht in ihrer Persönlichkeitsentwicklung gefördert und in der Entwicklung von Handlungskompetenz gefordert werden. Wertebewusstsein soll entwickelt werden und Orientierung gegeben werden.[63] Diese Punkte werden innerhalb

---

[62] vgl. Ministerium für Schule und Weiterbildung des Landes NRW: Bereinigte Amtliche Sammlung der Schulvorschriften, 20 – 03 Nr.21: „Rahmenvorgaben für den Vorbereitungsdienst in Studienseminar und Schule. Runderlass des Ministeriums für Schule, Jugend und Kinder", Ritterbach Verlag, 2004, S.242, Z.59ff
[63] vgl. ebd., S.242, Z.86ff

des LeParcours-Konzeptes von der Lehrkraft insofern erfüllt, als die Handlungskompetenz jeder Schülerin und jedes Schülers erweitert wird und gleichzeitig wie bereits beschrieben die Persönlichkeit durch Selbstbewusstseinsstärkung gesteigert wird. Durch die Verantwortung für sich und andere innerhalb des Konzeptes (zum Beispiel beim Geräteauf- und abbau oder beim Sichern), werden viele soziale Faktoren geschult, die zur Entwicklung eines mündigen und sozial verantwortlichen Menschen beitragen. Innerhalb der Sensibilisierung und des Kennenlernens der Einstellungen der Akteure zu der Sportart „Le parcours" werden Werte vermittelt, wie zum Beispiel das Umweltbewusstsein. Auch wird die Orientierung der Kinder und Jugendlichen für ihre zukünftige Entwicklung und Zukunft positiv beeinflusst.

Grundlegende Kenntnisse, sowie Fähigkeiten und Fertigkeiten, als auch Methoden werden innerhalb des Konzeptes durch die Lehrkraft adressatengerecht weitergegeben, wodurch die Lehrerfunktion des Unterrichtens in vollem Maße umgesetzt wird. Ein breites Repertoire unterschiedlicher Unterrichtsformen einzusetzen, Aufgabenstellungen didaktisch-methodisch zu differenzieren und zu individualisieren sowie zu reflektieren, Basiswissen zu sichern und Kompetenzen nachhaltig aufzubauen sind Punkte, die in der Beschreibung des Aufbaus und der Durchführung des Konzeptes im Hauptteil dieser Arbeit erläutert wurden und hier nicht nochmals wiederholt werden müssen. Innerhalb des Konzeptes werden diese durch die Lehrkraft umgesetzt, sowie sie auch in den Richtlinien unter dem Gesichtspunkt „Unterrichten" aufgeführt sind.[64]

Weiterhin ist es für die Durchführung des Konzeptes von großer Bedeutung und Notwendigkeit, dass die Lehrkraft den Unterricht reflektiert und auswertet, ggf. auch gemeinsam mit Schülerinnen und Schülern, wie es in den Zwischenreflexionen geschieht. Dass Rückmeldungen über den individuellen Lernzuwachs gegeben werden, sowie dass die neuen Medien sach- und adressatengerecht im Unterricht eingesetzt werden, ist in diesem Konzept ebenfalls wie erläutert kaum wegzudenken.[65] Diese erwähnten Lehrerfunktionen werden ebenfalls im Rahmen des Konzeptes umgesetzt.[66] Dass die ausgeführten Lehrerfunktionen in einem sachgemäßen Zusammenhang mit dem gewählten Gegenstand, also der Konzeptidee „Le parcours" und der Fragestellung der Hausarbeit (Steigerung des Selbstbewusstseins und Bewegungserfahrung) stehen, sollte hinreichend deutlich geworden sein.

---

[64] vgl. ebd., S.242, Z.86ff
[65] vgl. ebd., S.242, Z.86ff
[66] Beispiele zu den einzelnen erfüllten Lehrerfunktionen finden sich im Hauptteil und können aus Platzgründen nicht erneut dargestellt werden.

6 Reflexion des Gesamtkonzeptes und Ausblick

Das durchgeführte Konzept erwies sich als äußerst lehrreich. Die Erfahrungen zur Verbesserung des Konzeptes sind bereits mit in den Hauptteil dieser Arbeit eingeflossen, sollen aber hier nochmals erwähnt werden.

Bereits in der Phase der Sensibilisierung fiel auf, dass sich die SuS durch die Videos motiviert fühlten Sprünge und Wagnisse einfach mal auszuprobieren, was nicht Sinn und Zweck dieser Videos sein sollte. Wie bereits erwähnt, darf kein Stuntvideo o.ä. gezeigt werden, sondern nur aufklärende Tutorial-Videos. Es muss aus den Videos klar erkennbar sein, dass keinerlei waghalsige und gefährliche Bewegungen oder Sprünge ausgeübt werden, sondern das alles unter völliger Kontrolle und unter entsprechenden Sicherheitsvorkehrungen geschieht.

Während der Anfangsphase und besonders im Verlauf der Stationenübungen wurde in der Praxis ein weiteres Verbesserungspotential sichtbar. Zwar wurde differenziert, aber die Gruppenheterogenität bezüglich turnerischer Vorkenntnisse ist nicht zu unterschätzen. Im vorgestellten Konzept wurde bereits berücksichtigt, was bei der Durchführung auffiel, nämlich dass die Lehrkraft im Vorfeld viele verschiedene Varianten von Stationen planen muss, um jeder Schülerin und jedem Schüler gerecht zu werden. Bei der Durchführung hatte die Lehrkraft maximal 3 verschiedene Schwierigkeitsgrade vorbereitet, es stellte sich aber heraus, dass mehrere von Nöten sind. Vor allem fiel aber auf, dass es eine Lücke im mittleren Bereich der Leistungsfähigkeit gibt. Viele SuS sind im unteren Niveaubereich und einige im oberen, wenige aber nur dazwischen. Diese Tatsache macht die Planung der Stationen nochmals stark von der jeweiligen Lerngruppe und der Beobachtungsgabe der Lehrkraft abhängig.

Die Auswertung der Fragebögen zur Abschlussreflexion ist bereits im Kapitel 4.3 ausgewertet und erläutert.

Für die Zukunft hat die Durchführung des Konzeptes folgende Auswirkungen auf die durchführende Schule: Die Sportart gewinnt auch in den Medien weiterhin an Popularität und wird daher von den nachrückenden SuS nach erfolgreicher Durchführung weiterhin gefordert. Ein Video, welches aus den Elementen einzelner

Stunden zusammengeschnitten wurde (das Einverständnis aller Erziehungsberechtigten lag vor), dient hierbei als Werbung und Motivation für die kommenden Jahrgänge. Die Erfahrungen aus diesem ersten Durchgang des Konzepts werden genutzt, um es weiter zu entwickeln und noch sicherer und gleichzeitig interessanter für alle Beteiligten zu gestalten.

Erfreulich waren auch Rückmeldungen, welche das Fortführen des Konzeptes in den kommenden Jahren ebenfalls unterstützen. So sprachen Mitreferendare im Seminar davon, dass SuS ihrer Schulen auf sie zukamen und berichteten, an eben dieser Hauptschule gibt es eine Parcour-AG und sie wollten so etwas auch machen. Die Schule ist also schon stadtbekannt durch die Freizeit-Netzwerke der SuS selbst. Das Image der Schule ist durch das Projekt bzw. Konzept aufgewertet und SuS unserer Schule sind stolz gerade auf dieser Hauptschule zu sein und identifizieren sich mit ihrer Schule. Solche positiven Nebeneffekte blasen dem LeParcours-Konzept sozusagen weiterhin Wind in die Segel, wodurch die Durchführung einer Parcours-AG im kommenden Halbjahr bereits von weiteren SportlehrerInnen auch in höheren Jahrgängen angedacht ist. Als Grundlage dient das vorliegende Konzept.

7 Literaturverzeichnis

Ministerium für Schule, Wissenschaft und Forschung des Landes Nordrhein-Westfalen: Richtlinien und Lehrpläne für die Sekundarstufe I – Hauptschule, Sport, Heft 3110. Frechen: Ritterbach Verlag, 2001

Monographien:

Balster, Klaus; Brettschneider, Wolf-Dietrich: Jugendarbeit im Sportverein. Duisburg: Sportjugend NRW Verlag, 2002

Benölken, Marita: Adipositas und Depressivität im frühen Jugendalter. Frankfurt am Main: Peter Lang Verlag: 2003

Dürrwächter, Gerhard: Aufwärmen, nicht nur lästige Pflichtübung! Schorndorf: Verlag Karl Hoffmann, 1996

Knebel, Karl-Peter: Muskelcoaching: Top in Form mit Stretching. Reinbek bei Hamburg: Rowohlt Taschenbuch Verlag, 2005

Mosebach, Uwe: Fallen-Können und Bewegungslernen. Eine empirische Untersuchung über Effekte der Judofalltechniken (Ukemi) auf das Erlernen sportlicher Bewegungen. Bonn: Verlag Dieter Born, 1997

Oltmanns, Klaus: Kleine Warm-Up-Fibel. Aufwärmprogramme für jede Gelegenheit. Münster: Phillippka-Sportverlag, 2006

Schiffer, Heike: Physiologische, psychologische und trainingsmethodische Aspekte des Auf- und Abwärmens. Köln: Sport und Buch Strauß, 1995

Herausgeberschriften:

Band 143 der „Beiträge zur Lehre und Forschung im Sport", Wuppertaler Arbeitsgruppe: Schulsport in den Klassen 5-10. Schorndorf: Hofmann Verlag, 2004

Bischops, Klaus / Gerards, Heinz-Willi: Tips fürs Aufwärmen im Sport. Aachen: Meyer & Meyer Verlag, 1994

Erbersdobler, Heseker, Wolfram (Hrsg.): Adipositas – Eine Herausforderung für's Leben?. Stuttgart: Wissenschaftliche Verlagsgesellschaft mbH, 2005

Gogoll, Andre & Menze-Sonneck, Andrea (Hrsg.): Qualität im Schulsport. Hamburg: Czwalina Verlag, 2005

Ministerium für Schule und Weiterbildung des Landes NRW: Bereinigte Amtliche Sammlung der Schulvorschriften, 20 – 03 Nr.21: „Rahmenvorgaben für den Vorbereitungsdienst in Studienseminar und Schule. Runderlass des Ministeriums für Schule, Jugend und Kinder", Ritterbach Verlag, 2004

Petermann, Franz; Pudel, Volker (Hrsg.): Übergewicht und Adipositas. Göttingen: Hogrefe Verlag, 2003

Schäfer, Andreas: Richtig Judo. München: BLV Verlagsgesellschaft mbH, 2002

Aufsätze in Herausgeberschriften:

Hundeloh, Heinz; Paulus, Peter; Bockhorst, Rüdiger: Arbeitskreis „Schulsport – Gesundheit – Schulqualität: Ein Widerspruch?" In: Gogoll, Andre & Menze-Sonneck, Andrea (Hrsg.): Qualität im Schulsport. Hamburg: Czwalina Verlag, 2005

Kottmann, Lutz: Aufgaben und Probleme in der Entwicklung von Jugendlichen. In: Band 143 der „Beiträge zur Lehre und Forschung im Sport", Wuppertaler Arbeitsgruppe: Schulsport in den Klassen 5-10. Schorndorf: Hofmann Verlag, 2004

Petermann, Franz; Winkel, Sandra: Die Sichtweise der Patienten: Selbstkonzept und Körperbild bei Menschen mit Adipositas. In: Petermann, Franz; Pudel, Volker (Hrsg.): Übergewicht und Adipositas. Göttingen: Hogrefe Verlag, 2003.

Schoberberger, Rudolf: Psyche und Lebensqualität. In: Erbersdobler, Heseker, Wolfram (Hrsg.): Adipositas – Eine Herausforderung für's Leben?. Stuttgart: Wissenschaftliche Verlagsgesellschaft mbH, 2005

Zeitschriften:

Kraft, Alexandra; Mirbach, Eric: Parkour – Die Stadtakrobaten. In: Zeitschrift ‚Stern' 9/2007, S.169-178 oder als Download unter http://3running.de/stern.pdf, rezipiert am 13.10.2008

Laßleben, Alexander: TicTac und Wallspin? Anregungen für den Trendsport Parkour. In: Sportpädagogik – Zeitschrift für Sport, Spiel und Bewegungserziehung, Heft 5/2007 „Gemeinsam Turnen", Friedrich Verlag, 2007

Internetliteratur:

http://de.wikipedia.org/wiki/Gesundheit
rezipiert am 31.10.2008

http://de.wikipedia.org/wiki/Parkour
rezipiert am 09.11.2008

http://freerunning.kilu.de/
rezipiert am 05.11.2008

http://www.aff-stp.at/readarticle.php?article_id=13
rezipiert am 10.11.2008

http://www.parkour-germany.de/index.php
rezipiert am 10.11.2008

http://youtube.com/watch?v=4rSPGWVv5do (WDR Dokumentation)
rezipiert am 13.11.2008

http://www.3running.de/navigation.html
rezipiert am 13.10.2008

Internet: http://www.schulsport-nrw.de/info/03_fortbildung/Klettern/richtlinien.html
rezipiert am 18.11.2008

Zeitungsartikel:

http://3running.de/ruhr_nachrichten07.pdf
rezipiert am 13.10.2008

http://3running.de/Scannen0002.pdf
rezipiert am 13.10.2008

http://3running.de/waz_bochum.pdf
rezipiert am 13.10.2008

http://3running.de/witten_aktuell.pdf
rezipiert am 13.10.2008

8 Abbildungsverzeichnis

- Alle verwendeten Bilder der Stationskarten (siehe Anhang) sind aus dem sehr zu empfehlenden und kostenfreien Programm „SAF-Planer" entnommen. Infos und Download unter: http://www.stefanie-a-fischer.de/
- Alle weiteren Bilder sind vom Autor selbst fotografiert, wodurch die Rechte der Nutzung für diese Arbeit gegeben sind.

9 Anhang

9.1 Tabelle: Folgen des Aufwärmens

Bereich	Veränderung	Bedeutung
Herz-Kreislauf-System und Atmung	- Herzfrequenz steigt - Blutdruck steigt - Atemfrequenz und –tiefe steigen - Umverteilung des Blutes verstärkt in die arbeitende Muskulatur	- bessere Versorgung mit Sauerstoff und Energieträgern an der richtigen Stelle - Abtransport von Stoffwechselprodukten
Muskulatur	- Durchblutung steigt - Temperatur steigt - innerer Reibungswiderstand sinkt	- wie oben - durch verringerte innere Reibung geringerer Energieaufwand - erhöhte Beweglichkeit (in der Verbindung mit Auswirkungen bzgl. Gelenk und Koordination)
Stoffwechsel	- Körperkerntemperatur steigt - Energiebereitstellung wird aktiviert	- Bessere Grundbedingungen für erhöhte körperliche Aktivitäten - Energieversorgung ohne Anlaufverzögerung
Nervensystem und Sinnesorgane	- Nervenleitgeschwindigkeit steigt - Nervensystem wird aktiviert - Bekannte Bewegungsmuster werden aktiviert und angebahnt - Aufnahme- und Reaktionsfähigkeit wird aktiviert	- Steigerung der Reaktionsfähigkeit - Schnellere und bessere Koordination der Bewegung
Gelenke	- Vermehrte Gelenkschmierproduktion (entsteht nicht durch Erwärmung, sondern durch die Bewegung in den Gelenken) - Knorpel verdickt sich durch Flüssigkeitseinlagerung	- Verbesserte Gleitfähigkeit und Druckverteilung, dadurch weniger Reibungsverlust
Psychische Komponenten	- Abbau von übermäßiger Spannung und Aktivierung/Nervosität - Fokussierung auf die sportliche Aufgabe und passende Aktivierung	- Verbesserte Aufmerksamkeit, Konzentration und Motivation - Erhöhte Leistungsbereitschaft

Quelle: Kleine Warm-Up-Fibel[67]

---

[67] Oltmanns, Klaus: Kleine Warm-Up-Fibel. Aufwärmprogramme für jede Gelegenheit. Münster: Phillippka-Sportverlag, 2006. S.5, Tabelle 1

9.2 Erläuterungen zum Fallen (Ukemi-Waza des Judo)

Aus copyrighttechnischen Gründen muss hier leider auf die Bebilderung verzichtet und auf die Seiten 17-23 der Quelle „Richtig Judo" von Andreas Schäfer [68] verwiesen werden.

9.3 Grundsprünge und Grundbewegungen von „Le parcours"

Auf die Gefahr hin nur zu zitieren hier im Anhang die Erläuterungen zu den offiziellen Grundbewegungen der Sportart, welche zur Durchführung notwendig sind. Es ist für die Lehrkraft wichtig, diese zu kennen um glaubhaft bei den SuS zu wirken. Außerdem motiviert es die SuS, wenn sie sagen können, dass sie als Beispiel einen ,TicTac' beherrschen.

9.3.1 Roullade - Rolle

„Die roullade wird nach Sprüngen eingesetzt, um die Fallenergie zu transferieren, oder auch um über Objekte zu rollen, oder auf/über Objekte zu springen (→ Hechtrolle). Sie ist eine der wichtigsten Bewegungen und sollte schon früh erlernt und trainiert werden."[69] Auf diese Rolle und weitere Fallübungen wird explizit im Hauptteil unter ,Fallen' eingegangen, da sie als Grundlage zur Durchführung von ,Le parcours' gegeben sein muss.

9.3.2 Passement - Überwindung

„Passement sind jene Bewegungen, die benutzt werden um ein Hindernis zu überwinden."[70] Diese Bewegung ist eine der am häufigsten genutzten Formen im ,Le parcours' und daher von großer Bedeutung.

9.3.3 Demi-Tour – Halbe Drehung

„Man vollführt eine halbe Drehung über dem Hindernis, um auf der anderen Seite des Hindernisses in einer kontrollierten Position zu landen."[71]

---

[68] Schäfer, Andreas: Richtig Judo. München: BLV Verlagsgesellschaft mbH, 2002. S.17-23
[69] Internet: http://www.parkour-germany.de/index.php?site=moves&number=2, rezipiert am 10.11.2008
[70] Internet: http://www.parkour-germany.de/index.php?site=moves&number=2, rezipiert am 10.11.2008
[71] Internet: http://www.parkour-germany.de/index.php?site=moves&number=3, rezipiert am 10.11.2008

9.3.4 Saut de chaut - Katzensprung

„Der saut de chat ist dem Hocksprung aus dem Turnen sehr ähnlich, wurde aber an die Bedürfnisse von Parkour angepasst. Er eignet sich gut für weite Sprünge, und um präzise oder in einem Armsprung zu landen."[72]

9.3.5 Reverse - Rückwärtig

„Réverse sind jene Sprünge bei denen der Traceur rückwärts über das Objekt springt. Eine Drehbewegung sorgt für eine kontrollierte (und nicht blinde) Landung. Gut nutzbar in Kombinationen um aus entstehender Fliehkraft Geschwindigkeit für die weitere Bewegung zu gewinnen."[73]

9.3.6 Saut de detende - Weitsprung

„Ein weiter Sprung, um entweder Lücken, oder Hindernisse zu überwinden, mit Anlauf."[74]

9.3.7 Saut de précision - Präzisionssprung

„Ein saut de précision ist ein Sprung, mit einer präzisen Landung, z.B. auf eine Stange oder dünne Mauer/Kante. Für maximale Präzision und Kontrolle landet man nur auf den Zehen/dem Fuß-Ballen."[75]

9.3.8 Passe muraille – Mauerüberwindung

„Unter passe muraille fallen jene Bewegungen, die dazu benutzt werden, eine Mauer (oder Ähnliches) zu überwinden. Meistens stößt sich der Traceur an der Mauer nach oben ab, um mehr Höhe zu gewinnen. Auch die Arme werden effektiv eingesetzt."[76]

9.3.9 Saut de fonds – Sprung zum Boden

„Saut de fonds sind jegliche Sprünge, die nach unten auf den Boden führen. Sollte bei Vorwärtsbewegung mit einer Rolle gelandet werden (siehe Roullade)."[77]

9.3.10   Saut de bras – Armsprung

„Man springt an ein Objekt und landet in einer hängenden Position. Kann aus dem Stehen oder aus Bewegung gesprungen werden. Die Beine erreichen das Objekt

---

[72] Internet: http://www.parkour-germany.de/index.php?site=moves&number=3, rezipiert am 10.11.2008
[73] Internet: http://www.parkour-germany.de/index.php?site=moves&number=4, rezipiert am 10.11.2008
[74] Internet: http://www.parkour-germany.de/index.php?site=moves&number=4, rezipiert am 10.11.2008
[75] Internet: http://www.parkour-germany.de/index.php?site=moves&number=5, rezipiert am 10.11.2008
[76] Internet: http://www.parkour-germany.de/index.php?site=moves&number=5, rezipiert am 10.11.2008
[77] Internet: http://www.parkour-germany.de/index.php?site=moves&number=6, rezipiert am 10.11.2008

zuerst, um den Aufprall zu bremsen, und ein sicheres, kontrolliertes Greifen der Hände zu ermöglichen."[78]

9.3.11   Tic Tac

Als tic-tac bezeichnet man ein Abstoßen an einem weiteren Gegenstand, um ein Hindernis zu bewältigen. „Ist ein Hindernis zu instabil für einen gewöhnlichen Passe Muraille, oder stimmt der Winkel, in dem man zum Objekt kommt, nicht, kann man sich mit dem tic-tac an einem oder mehreren anderen Objekten abstoßen um die nötige Höhe/Distanz für die Überwindung des Hindernisses zu erlangen."[79]

9.3.12   Lâché – Loslassen

„Das Loslassen in einer Hängeposition. Sei dies um zu fallen, oder sich mit Schwung an einem weiteren Objekt zu fangen."[80]

9.3.13   Planche – Hochziehen

Alle Bewegungen die den Traceur aus einer hängenden in eine Stützposition bringen werden als planche bezeichnet.[81]

9.3.14   Franchissenment – Durchbruch

Jede Bewegung durch ein Hindernis, zum Beispiel ein Loch im Zaun oder ein Reifen in der Sporthalle. „Man ‚durchbricht' eine Lücke zwischen Hindernissen, z.B. Stangen, Ästen."[82]

Weitere Sprünge wären zum Beispiel ‚dash vault' oder ‚Wallspin' und ‚Wallflip', die im Schwierigkeitsgrad höher liegen und nur für ausgewählte SuS in Frage kommen.

[78] Internet: http://www.parkour-germany.de/index.php?site=moves&number=6, rezipiert am 10.11.2008
[79] Internet: http://www.parkour-germany.de/index.php?site=moves&number=7, rezipiert am 10.11.2008
[80] Internet: http://www.parkour-germany.de/index.php?site=moves&number=7, rezipiert am 10.11.2008
[81] vgl. Internet: http://www.parkour-germany.de/index.php?site=moves&number=8, rezipiert am 10.11.2008
[82] Internet: http://www.parkour-germany.de/index.php?site=moves&number=8, rezipiert am 10.11.2008

9.4 Beispiele Hallenaufbau: „Einzelstationen"

9.4.1 Einzelstation „Wandecklauf"

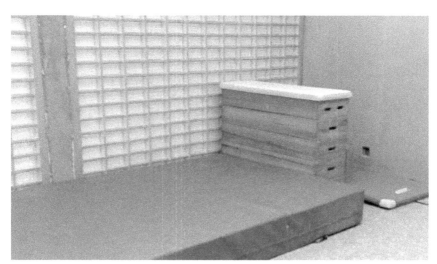

9.4.2 Einzelstation „Armsprung und halbe Drehung"

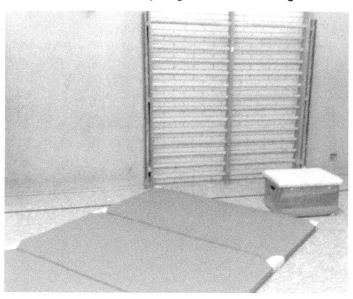

9.4.3 Einzelstation „Präzisionssprung"

9.5 Beispiele Hallenaufbau: „Stationenkombinationen"

9.5.1 Kombination „Wandecklauf und Präzisionssprung"

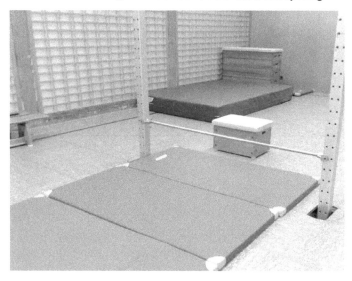

9.5.2 Kombination „Durchbruch und Mauerüberwindung"

9.6 Beispiel Hallenaufbau: „LeParcours als Rundlauf"

Die Hallenansicht von oben, nicht maßstabsgerecht oder perspektivisch:

Torseite

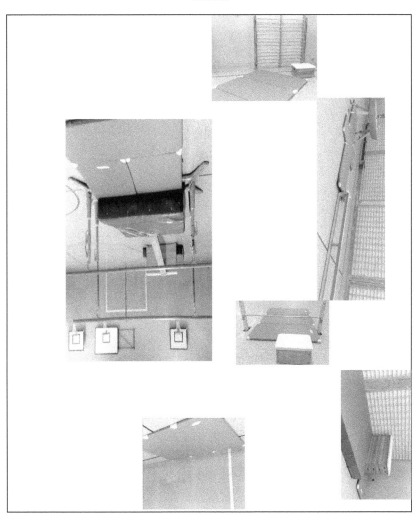

Torseite

9.7 *Stationsentwickler-Karten*[83]

Die möglichen Bewegungsaufgaben:

Bewegungsaufgabe:

Die Station der Gruppe muss so geplant werden, dass folgende Bewegungsaufgabe an ihr erfüllt werden kann:

- Es soll ein Absprung auf ein Hindernis enthalten sein
- Es soll eine Rolle als Element enthalten sein (egal ob auf oder nach der Station)
- Eine möglichst schnelle Bewegungsgeschwindigkeit soll erreicht werden
- Eine flüssige durchgehende und nicht stoppende Bewegung soll das Ziel sein

Bewegungsaufgabe:

Die Station der Gruppe muss so geplant werden, dass folgende Bewegungsaufgabe an ihr erfüllt werden kann:

- Es soll ein Sprung mit Flugphase als Element enthalten sein (egal ob mit oder ohne Sprunghilfe)
- Es kann ein Ziel des Sprunges enthalten sein (veränderbar, damit jeder es schaffen kann)
- Eine möglichst schnelle Bewegungsgeschwindigkeit soll erreicht werden
- Eine flüssige durchgehende und nicht stoppende Bewegung soll das Ziel sein

---

[83] Alle verwendeten Bilder sind aus dem sehr zu empfehlenden und kostenfreien Programm „SAF-Planer" entnommen. Infos und Download unter: http://www.stefanie-a-fischer.de/

Bewegungsaufgabe:

Die Station der Gruppe muss so geplant werden, dass folgende Bewegungsaufgabe an ihr erfüllt werden kann:

- Es soll ein Sprung als Element enthalten sein (ohne Sprunghilfe)
- Start und Ziel sollen identisch sein
- Sprung um die eigene Drehachse soll enthalten sein.
- Ein Hindernis soll zweimal überwunden werden
- Eine möglichst schnelle Bewegungsgeschwindigkeit soll erreicht werden
- Eine flüssige durchgehende und nicht stoppende Bewegung soll das Ziel sein

Gerät: Barren

Sicherheitshinweise:

- Befestigter Stand
- Matten in Gefahrenbereich
- Alle Verstellmöglichkeiten feststellen
- Anzahl: 1 pro Station

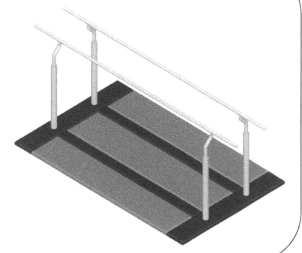

Gerät: Bank

Sicherheitshinweise:

- Befestigter Stand
- Wenn schräg, dann gegen
  jegliches wegrutschen schützen
- Gegen Kippen schützen
- Anzahl: maximal 2 pro Station

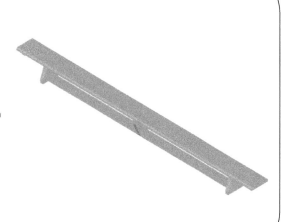

Gerät: Kasten

Sicherheitshinweise:

- Befestigter Stand
- Gefahrenbereich mit Matten auslegen
- Höhe anpassen
- Anzahl: 1 pro Station

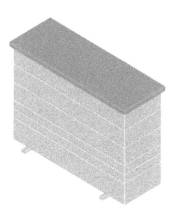

Gerät: Kleiner Bock

Sicherheitshinweise:

- Befestigter Stand
- Höhe einstellen und feststellen
- Gefahrenbereich mit Matten auslegen
- Anzahl: 1 pro Station

Gerät: Kleiner Kasten

Sicherheitshinweise:

- Befestigter Stand
- Gegen Kippen schützen
- Anzahl: 2 pro Station

Gerät: Reuterbrett

Sicherheitshinweise:

- Befestigter Stand
- Entfernung zu anderen Geräten einschätzen
- Anzahl: 1 pro Station

Zusatzgeräte zur freien Auswahl mehrfach vorhanden:

Matte

Sicherheitshinweise:

- Trageschlaufen verstecken
- Anzahl maximal 3-4 pro Station

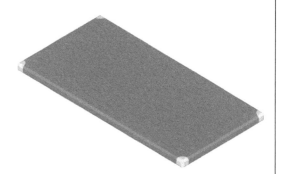

Seilchen

Hinweise:

- Als Sicherung nutzbar
- Als Wegweiser / Entfernungsweiser nutzbar
- Als Ziel nutzbar
- Als Hindernis nutzbar
- Als …..
- Anzahl frei wählbar

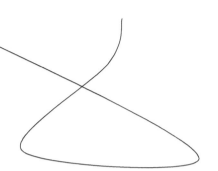

Partner zur Sicherung

Hinweise:

- So hinstellen, dass er/sie nicht selbst
  in Gefahr kommt
- So hinstellen, dass zum richtigen
  Zeitpunkt geholfen werden kann
- Regeln des Sicherns eines Partners beachten
- Anzahl der Helfer frei wählbar

Pilonen/ Hütchen

Hinweise:

- Als Abgrenzung nutzbar
- Als Ziel nutzbar
- Als Wegweiser nutzbar
- Als Hindernis nutzbar
- Als .....

Ringe

Hinweise:

- Als Abgrenzung nutzbar
- Als Ziel nutzbar
- Als Wegweiser nutzbar
- Als Hindernis nutzbar
- Als Durchgang
- Als .....

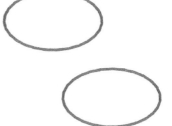

Weichbodenmatte

Hinweise:

- Zum Abrollen gut geeignet
- In besonderem Gefahrenbereich einsetzbar
- Als Mauer nutzbar
- Als Hindernis nutzbar
- ....

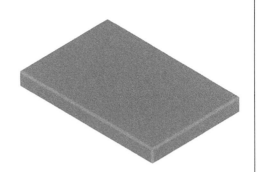

Der Arbeitsauftrag für alle SuS:

Arbeitsauftrag:

- Ziehe mit deiner Gruppe zwei Gerätekarten.
- Ziehe mit deiner Gruppe eine Bewegungsaufgabe.
- Überlege mit deiner Gruppe einen Geräteaufbau mit dem Ihr die Bewegungsaufgabe bewältigen könnt. Beachte Sicherheitshinweise und Leistungsstand der gesamten Klasse!
- Suche mit deiner Gruppe entsprechende Hilfen und Sicherheitskarten heraus, die für die Station notwendig sind.
- Baue die Station mit Hilfe aller Gruppenmitglieder und nach den bekannten Regeln auf.
- Präsentiere die Station deinen Mitschülerinnen und Mitschülern.

9.8 Reflexionsfragebogen

Klasse:_____ Datum:_____

Nachbetrachtung des LeParcours-Konzepts

Lies bitte genau die Aussagen und kreuze an wie sehr du zustimmst!!

Aussage: / Zustimmung:	- - Stimme gar nicht zu („Ach, so'n quatsch…")	- Stimme weniger zu („Ne, eher weniger…")	O Neutral („Weiß nich…")	+ Stimme zu („Ja schon…")	++ Stimme voll und ganz zu („Auf jeden…")
Die Sportart hat mir Spaß gemacht!					
Ich bin zumindest einige Male an meine Grenzen gestoßen und musste mich überwinden.					
Ich kannte alle Bewegungsformen bereits.					
Der Unterricht war abwechslungsreich.					
Vieles war mir zu gefährlich.					
Ich hätte mich eigentlich noch mehr anstrengen können.					
Ich konnte mich in den Unterricht und die Planung einbringen.					
Ich fand es gut, viel mit entscheiden zu können.					
Der Lehrer war zu streng.					
Der Lehrer hat alles vorgegeben.					
Die Gruppe hat gemeinsam auf- und abgebaut.					
Ich habe vieles über das Dehnen und Aufwärmen dazugelernt.					
Ich habe mehr geschwitzt als sonst im Sportunterricht.					
Die Übungen waren zu leicht.					
Ich fand es am Anfang zu leicht.					
Ich fühle mich fitter als vor diesem Halbjahr.					
Es war teilweise langweilig.					

Sonstige Bemerkungen:

_____

_____

9.9 *Pädagogische Perspektiven und Inhaltsbereiche*

„Wesentlich für die neuen Rahmenvorgaben ist die stärkere pädagogische Ausrichtung des Schulsports. Einerseits wird dieses ausgeprägtere pädagogische Profil durch den Doppelauftrag des Schulsports "*Entwicklungsförderung durch Bewegung, Spiel und Spor*t" und "*Erschließung der Bewegungs-, Spiel- und Sportkultur*" deutlich, andererseits durch die Pädagogischen Perspektiven auf den Sport in der Schule.

Die **Pädagogischen Perspektiven** umfassen die Bereiche:

- Wahrnehmungsfähigkeit verbessern, Bewegungserfahrung erweitern
- Sich körperlich ausdrücken, Bewegungen gestalten
- Etwas wagen und verantworten
- Das Leisten erfahren, verstehen und einschätzen
- Kooperieren, wettkämpfen und sich verständigen
- Gesundheit fördern, Gesundheitsbewusstsein entwickeln

Die sportlichen Inhalte sind nicht mehr nur an Sportbereiche und Sportarten gebunden, sondern gliedern sich in Inhaltsbereiche, die sich als Spektrum vielfältiger Bewegungshandlungen verstehen.

Die **Inhaltsbereiche** setzen sich aus den sportbereichsübergreifenden Bewegungsfeldern

1) Den Körper wahrnehmen und Bewegungsfähigkeiten ausprägen
2) Das Spielen entdecken und Spielräume nutzen, sowie
10) Wissen erwerben und Sport begreifen

und den Sportbereichen

3) Laufen, Springen, Werfen - Leichtathletik
4) Bewegen im Wasser - Schwimmen
5) Bewegen an Geräten - Turnen
6) Gestalten, Tanzen, Darstellen - Gymnastik/Tanz, Bewegungskünste
7) Spielen in und mit Regelstrukturen - Sportspiele
8) Gleiten, Fahren, Rollen - Rollsport, Bootssport, Wintersport
9) Ringen und Kämpfen - Zweikampfsport

zusammen."[84]

---

[84] Internet: http://www.schulsport-nrw.de/info/03_fortbildung/Klettern/richtlinien.html , rezipiert am 18.11.2008